人材ビジネスの
トリック
改革つぶしの常套手段

A TRICK OF
HUMAN RESOURCES
MANAGEMENT

永島清敬

学文社

はじめに

　現在，日本社会は規制改革の道を一歩ずつ着実に歩んでいる。「規制」は，世の中の仕組みが環境変化や時代の変革の中で現状に合わなくなったり，不都合が生じてきたにもかかわらず，従来の慣行や慣習，制度に合わせようとする力である。

　これに対し「規制改革」は，賞味期限の切れた制度や慣習，旧態依然とした時代の長物を撤廃したり，今の時代に通用するものに作り変えることである。同時に「規制改革」は，プロセスにおいてこれに反対する抵抗勢力を説得し，必要によっては一掃することで既得権という個人に付いた権益を解放するという効果を持つ。

　つまり，規制改革は，国家においては予算の適正な配分を実現することになり，民間レベルにおいては，収益の公平かつ納得性の高い配分を約束する結果をもたらす。

　今回，弊社テクノブレーン株式会社の代表取締役である能勢賢太郎氏から新書出版のお話をいただいた時，承諾した理由は3つある。1つは，今年がテクノブレーン株式会社にとって創業15周年に当る記念すべき年であること。もう1つの理由は，私が2006年7月に立ち上げた「HRコンサルティング事業部」もお蔭様で多くの法人企業から高い評価をいただき，業績も順調に推移している。

　このことから，人材ビジネスを業とする弊社の記念事業の一環として，これまでお世話になった顧客企業の皆様に恩返しをしたいということ。更にもう1つの理由は，今までタブー視され誰も書かなかったが，企業の中に厳然として存在し続ける「規制」というものに対して，組織内部にいる人間には書くことのできない事実を公に晒すことによ

り，やりたくてもできなかった企業改革派の人たちに勇気を与え，本書を「改革」の大義名分のツールにしていただけるのではないかと考えたことである。

一方，かつては「優良企業」といわれた企業による一連の不祥事の反省から，日本において昨今，企業経営のあり方を見直し，再評価する機運が高まってきた。

2006年，施行された新会社法や金融商品取引法等によって，上場企業に内部統制ルールの確立という新たな課題が課せられた。この目的は，業務プロセスの文書化という作業を当てもなく行なうことではなく，企業のステークホルダーのうち，特に消費者や株主に対して，自社が安心感と信頼の置ける企業であるという企業イメージを定着させることにある。

しかし，いくら業務フローや決裁権限を厳格に規定しても，内部統制のルール化が完了しても，本来，人間の心に根ざした行動を変えるには至らない。コトバに出して変えようとしない限り変わらないのである。

本書の意図するところは，そのような人間の根源的に弱い部分の改革を断行することが，企業の存続と発展にとって必須の課題であることを読者や経営者，経営幹部に認識していただくこと，また，企業の担当業務に付随して発生する既得権に頼って仕事を進めることの空しさを知り，高い志を持って自発的に企業や社会に貢献することの意義や生き甲斐を理解することにある。

人間の持つ弱い部分を明言することによって倫理観が目覚め，人生において生きることの意味を深く考える時間を持つことができるようになると思うからである。

本書が少しでも皆様の人生の支えとなり，また企業経営の一助になることを祈念したい。

はじめに

　最後に，本書の出版に当たりお力添えをいただいた立教大学経済学部教授の鈴木秀一氏，ならびに株式会社学文社代表取締役の田中千津子氏のご厚意に感謝したい。

2007年4月

永島　清敬

目　次

第1章　企業の規制とは……1

1.1　日本の社会に根付く「不祥事連鎖の構図」……1

1.2　どうして「規制」は生まれるのか？……3
1．「規制」が生まれる背景……3
2．経営の目的を考える……8

1.3　国と民間の「規制改革」の相似点……9
1．政府の推進する規制改革の効果……9
2．民間企業に規制改革が必要な理由……11
3．雇用安定の保証人は自分自身……12

1.4　名ばかりの「コンプライアンス経営」……14

1.5　大企業病という病気……17
1．現状分析……18
2．経営改革会議の開催……19
3．経営改革会議の成果物……21
4．ホンネとタテマエ……22

第2章　部門別「規制」の実態……25

2.1　営業部における規制……25
1．理念なき売上至上主義の行き着くところ……25
2．悪貨は良貨を駆逐する……28
3．何でもありの社風……36

目　次

　　　4．愚考「訪問禁止企業リスト」…………………40

2.2　人事部における規制…………………………43
2.3　総務部における規制…………………………46
　　　1．総務部の役割と総務部員の適性……………47
　　　2．会社の役割を理解するということ…………50
2.4　情報システム部における規制………………52
　　　1．癒着の構図……………………………………52
　　　2．権利の濫用……………………………………53
2.5　生産工場における規制………………………58
　　　1．缶詰工場の交替勤務制………………………58
　　　2．非正社員比率の推移…………………………60
　　　3．労働分野における規制改革史………………61
　　　4．非正社員の就業形態と雇用形態……………63
　　　5．非正社員の職種別就業状況…………………64
　　　6．生産現場における規制の源泉………………66
　　　7．労働ルール改革論議…………………………70
　　　8．非正社員の待遇改善…………………………71
　　　9．格差社会を助長する「非正社員」という呼称………74

第3章　実例で検証する「規制」の実態……………79

3.1　「勤怠管理」を利用したライバル潰し………79
3.2　改革に逆行するＴ大Ｈ女史の発言……………84
3.3　不二家の不祥事から学ぶもの………………99
　　　1．ずさんな衛生管理体制………………………100
　　　2．雪印乳業食中毒事件…………………………101

ｖ

3．企業価値を表すもの ………………………… 102
　　　4．不祥事を起こす企業の問題の本質 ……………… 103
　　　5．食品衛生法と再生品使用の問題 ………………… 111
　　　6．異物混入の実態 ……………………………… 117
　　　7．食品工場の労災事故 ………………………… 118

3.4 「出向先探査」という仕事 …………………………… 121
　　　1．「出向」の経緯 ………………………………… 121
　　　2．「転籍」との違い ……………………………… 124
　　　3．「出向」の要件 ………………………………… 124
　　　4．「出向」の手順 ………………………………… 128
　　　5．「出向」のケース(1)
　　　　　アウトプレースメント会社への出向 …………… 130
　　　6．「出向」のケース(2)　二重派遣的出向 ………… 131
　　　7．「出向」のケース(3)　偽装出向 ……………… 132
　　　8．「偽装請負」回避策としての「出向」 ………… 134
　　　9．「偽装請負」を内部告発した社員を隔離 ……… 139
　　　10．労災隠しに発展したトヨタの「偽装請負」 …… 140
　　　11．「出向先探査」という仕事 …………………… 141
　　　12．リストラの手段として使う「出向」施策 ……… 142

3.5　Eメールの功罪 ………………………………… 143

第4章　人事制度における「規制」 …………… 149

4.1　「勤続」の意味するもの ………………………… 150

4.2　「年齢」「定年」の意味するもの ……………… 153

4.3　コース別人事管理制度の弊害 ………………… 157
　　　1．「総合職」と「一般職」について ……………… 157

2．限定勤務地制度について ………………………………… 160
　　3．専門職制度について ……………………………………… 161
4.4　評価の「公平性」「公正性」は「納得性」より
　　 優先すべきか？ ……………………………………………… 164
4.5　対象者に選択権のない
　　 「コース別人事管理制度」……………………………………… 168

第5章　「聖域なき」規制改革の断行 …………………… 171
5.1　大学全入時代における規制改革 ……………………… 172
5.2　組織活性化の方程式と企業内抵抗勢力 ……………… 176
5.3　企業内規制改革の推進と
　　 規律ある社会の実現 ……………………………………… 183

参考文献 ……………………………………………………………… 186

【図表索引】

[図索引]

図1-1	マズローの欲求5段階説	7
図2-1	人事制度の概念図	26
図2-2	三角貿易	31
図2-3	再就職支援サービスの担当職種と業務フロー	32
図2-4	2003年における非正社員比率	60
図2-5	産業別非正社員比率	61
図2-6	職種別就業比率	65
図2-7	人事記録カード	73
図3-1	サービス業の「人材マップ及び人材育成計画」	87
図3-2	明るみに出た不二家の不祥事	104
図3-3	企業存立の使命と目的	110
図3-4	個人の役割と仕事の目的	115
図3-5	出向の形態	123
図3-6	転籍の形態	124
図3-7	派遣労働	137
図3-8	請負労働	138

[表索引]

表2-1	就業形態と雇用形態関連表	64
表3-1	改正雇用対策法	97
表3-2	平成13年厚生労働省告示第295号	97
表3-3	新聞に公表された企業の謝罪広告の件数	108
表3-4	食品衛生法第3条,第50条	114
表3-5	民法第623条,第625条	125
表3-6	職業安定法で禁止する「労働者供給事業」	133
表3-7	職業安定法施行規則第4条	136
表3-8	労働者派遣法第2条	137
表3-9	民法第632条	139
表4-1	「総合職」と「一般職」の定義	159
表5-1	不二家の不祥事以後の企業の謝罪広告掲載件数	178

第1章

企業の規制とは

1.1 日本の社会に根付く「不祥事連鎖の構図」

　2000年以降，企業の不祥事が相次ぐ形で公表され始めた。日本を代表する名門企業が重大な「不祥事」を起こして凋落の憂き目にあっている。新聞の社会面に，企業の謝罪広告が出ない日が珍しい。読者も初めのうちは関心を持って謝罪文を読み，時に憤りを感じたりしていたが，それも時が経つに連れて年中行事的な感覚になってしまった。

　このことの恐ろしさは，改めて事件の真相を考えてみる余裕がない人にはわからない。企業の不祥事に関する謝罪広告が，日常の見慣れた風景の一部になってしまう世の中ほど空虚な世の中はないからである。

　2000年6月に発覚した雪印乳業の集団食中毒事件では13,000人以上の発症者が出たと報道された。2000年7月には，三菱ふそうトラック・バスが，大型車に欠陥があることを認識していたにもかかわらず安全対策を行なわないという「欠陥隠し問題」「リコール隠し事件」が相次いで発覚した。

　また，2006年7月にはパロマ工業が同社製のガス瞬間湯沸かし器による一酸化炭素（CO）中毒事故を起こし，それをきっかけに同様の事故が，1985年以降，全国で頻発していた事実が明らかになった。

　しかも，同社のホームページには，「25年間不完全燃焼無事故の安

心給湯器」と高らかに謳われていたのである。

　これらの会社の共通点は，事件発覚後の対応に現れている。一言でいえば企業内に蔓延している「隠蔽体質」である。

　危機管理の常道は，初期対応として，原因がどこにあっても事実を事実として認め，事故の原因から発生までの一連の経過を包み隠さずに公開することである。その上で，再発を防止するために事故発生の原因とプロセスを究明し，企業経営者自ら率先して，被害者と社会に謝罪することである。

　私は当時，事件の渦中にあった不祥事を起こした企業へ経営改善計画に関するコンサルティングで訪問したことがあるが，驚くべきことに応対に出た役員に全く事件を起こした当事者という印象を持てなかった。

　事故を起こした企業の役員の顔には「事故のことは既に過去のことだから敢えて話題に出さないようにしてもらいたい」という雰囲気が漂っていたのである。会社のホームページには，「一連の品質問題についてお客様には大変ご迷惑とご心配をおかけしたことを深くお詫び申し上げたい」という美辞麗句が書かれ，「今回の件は，当社としてはこれで一件落着しました」といっているようであった。

　2007年は，団塊世代の定年による大量退職と少子高齢化や労働人口現象の影響をまともに受ける年である。こうした日本の抱える社会問題に対して，安倍政権は「活力に満ちた日本経済」を創出するために，「誰にでも再チャレンジが可能な社会」を目指すと総理就任の所信表明で明言した。

　特に，日本経済の阻害要因となる規制や労働市場の改革を推進し，経済の潜在成長率を高めることを重視し，そのために，各分野の生産性向上を図るプログラムを準備している。

　こうした機運を持続し，発展させるためには，民間企業に根強く存

在する「規制」を取り除き，誰もがチャンスを生かせる環境を作らなければならない。

特定個人に利益をもたらすような慣習や規制を排除し，努力した人が報われる会社にすることが，社会や顧客から求められる企業になる道である。

1.2 どうして「規制」は生まれるのか？

1.「規制」が生まれる背景

K氏は，総合人材サービス会社A社の人材紹介事業部に中途採用が決まった。初出社した2001年の8月1日の朝礼で，50数人の社員の前で入社の挨拶を促されたK氏に近付いてきたN事業部長が，K氏の耳元で囁いた。

「さっきも言ったように挨拶はほんの一言でいいからね」と。

そのときは特別気にもかけないことであったが，後からそのN部長の囁いた意味がわかってきた。

「入社早々余計なことは言うな！」という恫喝だったのである。

当時その事業部には，150人ほど正社員と契約社員，派遣社員などの非正社員が働いていたが，「組織」というものがなかった。N部長の下には，法人営業部やキャリアカウンセリング部という名称のグループはあったが，「部長」といった肩書きを持っている人はいなかった。N部長がすべてを統括していたのである。N部長の直属の部下は事業部長以外の150人全員であった。N部長は，組織に中間管理職を置くと，必要な情報がストレートに入って来ないと思っていたのである。情報ばかりではない。N部長は，人材紹介事業部長としての在任期間，本来なら課長クラスに付与されている決裁権限を事業部の

誰にも委譲することなく,「独裁体制」の中で,自分だけの「安住の地」を築いてきたのである。

どうして,N部長はそのような独裁体制を作ることができたのかと疑問に思う読者もいるかも知れないが,それは自己完結型の業務遂行が当たり前の人材ビジネス特有のメカニズムなのである。

部下の行動がノルマ管理されている人材ビジネスは,たとえ上司がいなくても何ら日常の業務遂行には支障ないのである。いくら仕事のできない上司が上にいても部下のやるべきことの詳細は決まっている。

HRコンサルティング事業を除き,全ての人材ビジネスの日常業務はマニュアル化ができるし,マニュアル化しないまでも早い人で2週間もあれば全ての業務をマスターしてしまう。

人材派遣,人材紹介,再就職支援,アウトソーシングなどが人材サービスのラインアップだが,これらの内のいずれも,部下の自発的な行動で商談が成立しているのである。一々上司が指図をしなくても,月間の個人別売上目標だけ決めておけば,後は部下が勝手に商売につなげてくれるので,上司がいなくてもビジネスが成り立つ仕組みになっている。

これは,人材ビジネス特有の「トリック」なのである。

K氏が入社して半年後,N部長が社内の人事異動で他部門に異動になった後,K氏が事業部長に就任した。

年末間近の12月20日,K氏は社長に呼ばれて本社14階にある社長室に出向いた。そこでK氏は,社長から来年1月から人材紹介事業部の事業部長に就任するよう告げられた時,社長に2つ条件を出した。

1つは事業部内の人事権を持つこと,もう1つは,HRコンサルティング事業部を兼務するという希望であった。

当時,K氏は,クライアント(顧客企業)の人事部門や経営企画部門を支援する「HRコンサルティング事業部」という組織を作ること

第1章 企業の規制とは

が自分のライフワークであると考えていたからである。

　話が横道にそれてしまったが，要するに前任のＮ部長は，事業部という本社からは見えない場所に自分だけの既得権を作ることによって，人や経費を自由に使っていたのである。

　既得権の牙城を築くことにおいては，社内でも評判のＮ部長は，在任期間中にいろいろな特権を作った。元々，派遣支社長の経験があるＮ部長は，人材派遣事業部の支社が全国展開しているのに目を付けて，何かと用事を作っては全国の派遣支社を訪問した。

　しかも，何ら商材もない札幌に，人材紹介事業部の支社を派遣支社の一部を間借りする形で作り，営業担当の契約社員を１人現地採用し，支社に常駐させた。目的は自分が北海道旅行がしたかっただけである。

　結局，その人材紹介事業部札幌支社は何の成果も上げることなく半年で閉鎖してしまった。当然，常駐させていた契約社員も契約期間満了で解雇した。

　こうして，出張の都度貯めたマイルを使って毎年，夏休みには夫婦でハワイ旅行に行くという悪い評判まで立っていたのである。

　これから論述する「企業内規制」とは，企業の中にごく当たり前に存在する個人に付いた既得権や特定個人の特権意識から生まれる会社やブランドを利用した「規制」のことである。

　世の中には，人間を性悪説と考える人も性善説に考える人もいる。そして，この論争は，人間のDNAに遡る根源的な論拠を必要とする話だが，「人間は生来の怠け者」という視点は一面，真理を突いた見方である。

　中には，生まれながらにして真面目な性格の上に，厳格な家庭で育てられたから，自分は勤勉家だと思っている人もいるが，大多数の人は怠け者という性格が備わっているのではないかと思う。

　普段，慌ただしく仕事に明け暮れしている猛烈社員も，長い冬休み

や会社指定の連続休暇などが舞い込んでくると，とたんに糸の切れた凧のように自分の身の置き所を見失う。使える時間があり余るほどあっても，休み明けに出社した時の第一声は，「結局，長い休暇は何もできなかった」という人が多いのが現実である。

　人は，初めは慣れない環境に何とか自分を適合させようと努力するが，ひとたび周囲の環境に慣れてくると今度は，より自分の生活しやすい環境に周囲を合わせようとするものである。

　この「生活しやすい」というフレーズは非常に危険な要素をはらんでいる。

　アメリカの心理学者アブラハム・マズローの「欲求5段階説」（図1-1）によると，衣食住がある程度満たされた人間は，今度は，より上位の欲求を求めるようになるという。そして，マズローは人間の最終目標を「自己実現」に置いている。

　つまり，人間の全ての社会活動は，自己実現を図るための行動であるというのである。

　また，人間は一人では生きていけない社会的動物であり，社会の中で他人に認められることに喜びを感じる存在である。

　人間には家族やグループなど最小単位の組織から会社や地域社会という大きな組織に至るまで，組織の目的と個人の目的をうまく調和させることが求められているのである。

　その結果，組織の目的を目指して活動する時，メンバーが遵守すべき共通のルールを作る必要性が生まれる。それが「規律」や「規制」になったと考えられるが，時として人間が潜在的に持つ自己実現の欲求を満たすために，意図的に「規制」を作るという行為が生じる。

　更に，私利私欲を満足させるために，既存の「規則」や「規制」を自分に都合よく解釈する傾向も見られる。

　こうして，既得権のための「規制」が次から次へと誕生するのであ

第1章　企業の規制とは

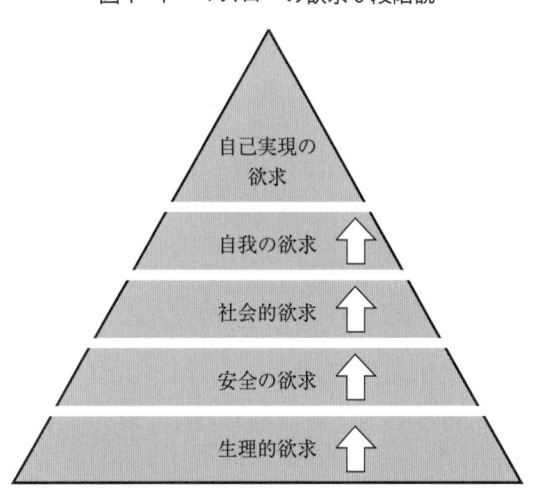

図1-1　マズローの欲求5段階説

（ピラミッド図：下から「生理的欲求」「安全の欲求」「社会的欲求」「自我の欲求」「自己実現の欲求」）

（注）アブラハム・マズロー（Abraham Harold Maslow 1908〜1970）は，アメリカの心理学者。マズローは，1950年代に「欲求5段階説」を提唱した。その学説は，人間の欲求は5段階のピラミッドのようになっていて，低次元の欲求が満たされると1段階上の欲求を満たすというように，より高次元の欲求を追求する行動をとるというものである。

る。

　これゆえに，企業という組織にも，また，組織の中の個人にも共通に求められるのは，自己規制の概念である。個人にとっては自律の精神であり，組織にとってはコーポレートガバナンス（内部統制）の精神である。

　1983年，東京地裁で田中角栄元首相の懲役4年の実刑判決が下ったロッキード事件において金権政治が批判の的に晒された。昭和の政治を象徴するような贈収賄事件として国民の政治不信を増幅させた事件であった。

　この事件の教訓は，人間の本来の性格は「怠惰なもの」「強欲なもの」と考えて間違いないということであり，全てのビジネスの仕組み

には，第三者によるチェック機能を持たせる必要があるということである。

2．経営の目的を考える

近年，日米の主要企業で会計不祥事が社会的問題として顕在化し，コーポレートガバナンスに対する関心の高まりから，日本においても内部統制，リスクマネジメント，コンプライアンスの必要性が求められてきた。

この背景には，アメリカのエンロン，ワールドコム，日本の西武鉄道，カネボウ，ライブドア，日興コーディアルグループ，三洋電機などが決算内容を改ざんするなど，不正会計が発覚したことがある。

株主や社会の信用を損なう企業の不祥事が相次ぐ中，証券市場の信頼回復が急がれている。

アメリカでは，2002年7月にSOX（サーベンス・オクスリー）法（企業改革法）を制定し，不正会計処理の再発防止に向けて，経営者が内部統制を構築し評価するシステムを義務付けた。

日本では，2006年5月に会社法が施行され，同年6月には金融商品取引法（日本版SOX法）が成立し，2008年4月に事業年度が始まる上場企業に内部統制を義務付け，2009年3月期決算から適用されることになった。これらの法律はいずれも，投資家や消費者に対し，内部統制の確立によって透明性の確保と信頼性を高めることを目的に制定されたものである。

企業の経営者には，営利目的で展開した事業が，活動領域を拡大する局面で，一旦立ち止まってそれまでの航跡を振り返ってみることが必要である。進んできた方向性が事業立上げの理念と一致しているか，社会貢献に価する活動になっているかどうかという観点から事業の将来展望を考えるのである。

つまり，企業存立の必然から市場原理に基づいて行動する時，しばしば経営者個人の利害が優先されるというワナに陥るのである。

しかし，理性ある人間が人生の目的を語る時，社会貢献というコンセプトを抜きにしては考えられないことに気がつくはずである。

利己の欲望は二の次にすることで初めて，価値ある人生を送ることができるという真理を忘れてはいけない。

1.3 国と民間の「規制改革」の相似点

政府の推進する規制改革・構造改革が最近になってようやく実を結びつつある。

その一方で，2002年2月を起点とする今の景気回復は，今年1月で丸5年を超える戦後最長の拡大を続けている。規制改革と景気回復の関連性については，これまで政治家や有識者の間でもいろいろ議論されてきたが，過去を振り返れば，そこには相関関係というより因果関係が存在していることが証明できる。

つまり，日本に景気回復をもたらした政策は，現在も進行中の規制改革であると断言できるのである。

1．政府の推進する規制改革の効果

2001年4月に誕生した小泉政権は，80％を超える内閣支持率を背景に「聖域なき構造改革」を打ち出し，郵政事業民営化，道路公団民営化を初めとする特殊法人の民営化や廃止を行ない，旧来の利益誘導型政治と決別する施策を貫いた。

行政サービスの民間委託を可能とする官と民との競争入札制，いわゆる「市場化テスト」などもその一例である。公務員の定数削減に関しては，その目標が具体的になればなるほど官僚からの抵抗や，安倍

政権下での旧抵抗勢力の復活を思わせるゆり戻しも一部には感じられるが，政治家による官僚の統制を基本においた政策や事業は，従来の公約止まりのものとは明らかに違った。決断力と実行力を伴う政策であったからこそ景気が回復したといえるのである。

このように，国政レベルでの規制改革が行政の既得権を解消し，民間の活力を注入することで市場の活性化をもたらすことに成功しつつある反面，今まで民間レベルの規制が企業発展の阻害要因となっていることについては，あまり問題視されてこなかったのも事実である。

世間では「民間の問題は民間で解決できる。個別企業の自浄機能で何とかなる」程度に考えていると推測できるが，実のところ個別企業の中には無数の「規制」があり，それらの規制が企業の成長発展にとってどれくらい阻害要因になっているかということを口に出すことすらなかった。企業内のタブーになっていたからである。

本書は，「企業内の規制」を白日の下に晒し，既得権者が自分のためだけに作り上げた「規制」や「前例」を見直し，その「規制」や「前例」が会社やそこで働く従業員に対してどのような影響を与えたか，または現在も与えているのかという観点で論理を展開していく。そして，読者の皆様が改めて「規制」や「前例」の是非について考え直すきっかけになることを願っているのである。

そもそも世の中の仕組みや枠組みは，その時々の要請に基づいて変化することが要求される。経済社会環境が，それまで構築した仕組みとマッチしなくなった時，人々は不自由を感じる。

人が策定した制度や法律，仕組みなどは環境変化に柔軟に対応させる必要がある。時に制度策定の本質が変化することさえある。逆説的な言い方をすれば，私達の変化対応力は，環境に合わせることができる柔軟な思考から生まれるのである。

国家も企業も創業時には純粋に成長を願って規模の拡大を図るが，

ある程度経営が安定してくると，必ず自分の目的を組織の目的に優先して考える人間が現れる。自分の成長が組織の成長につながるのであれば問題はないが，自分の目的が組織にとって阻害要因になるのであれば明らかに問題である。

2．民間企業に規制改革が必要な理由

かつて小泉首相が「古い体質を持った自民党をぶっ潰す」と発言した意味は，日本の官僚機構が日本の将来を食い潰すという危機感から出たコトバであった。

一方，日本の歴史ある大手企業が，コーポレートガバナンスの欠如から経営危機に陥る姿を見ることが珍しくなくなった。

特に，創業期のオーナー気質が残る体質の企業が，問題を起こすケースが多い。雪印乳業，西武鉄道，三菱自動車，パロマ工業，リンナイ，大手損害保険会社各社，不二家など社会的影響のある大手企業が，相次ぐ不祥事で経営危機に直面している。

1990年代の長期不況末期に行なわれたリストラの経験が，その後の景気回復期の企業経営にどう生かされたのか，はなはだ疑問を感じる事例である。

確かに，求人難においても急激な人件費の高騰を嫌う経営者が，賃上げや正社員雇用に慎重になり，非正社員の採用を積極的に行なうという行動をとるようにはなったが，社員の意識改革までは進まなかったのである。

IT・電機産業を中心としたリストラの嵐の中で，その対象になった50代の社員は，「会社の存続と発展のため」という大義名分で上司からの勧奨退職に応じる形で退職したが，肩たたきの当事者も肩たたきをされた側の社員も，会社の収益構造の問題で仕方なく人員を削減したという事実しか残らず，社員の頭の中の構造までは変えることが

できなかったのではないか。

　言い換えれば，1999年から2003年のリストラピーク期の5年間に企業を辞めた人も辞めた人の肩を押した人も，今回のリストラは「やむを得なかった」「経営の失敗の犠牲になった」「損な役回りだった」などと考え，自分を納得させただけのことであって，リストラの原因や自分が勧奨退職の対象者に選ばれた理由などを深く考えようとせず，また，リストラの教訓を会社や本人の将来に生かすということも考えていないのではないだろうか。

3．雇用安定の保証人は自分自身

　企業の雇用調整全盛期において，経営危機に直面した企業の経営者と労働組合の対立軸となった争点が，「雇用の確保」であった。

　多くの企業には，創業時に経営者が労働組合と約束した「従業員の雇用を守る」という労使協定が残っている。

　2001年頃，IT・電機産業が経営不振から在庫調整や雇用調整を行なう状況になった時，組合が真っ先に反対した理由が，創業経営者と約束し，長年労使の信頼関係継続の証として尊重してきた「雇用を守る」という約束に対する違反行為であるという主張であった。

　このため，経営側は仕方なく，先ず総額人件費削減のための経営努力を組合に示さなければならなかった。

　すなわち，残業の抑制による時間外手当の削減から始まり，新卒および中途採用の中止，役員・管理職から率先して行なった昇給停止や賞与の大幅削減，工場社員のレイオフ（一時帰休）の実施に至るまで，社員の雇用問題に手を付けずにできることについて，経営者は経営努力を続けてきた。

　そして，万端尽くした後に，最後の切り札として，経営再建のために苦渋の選択肢として残された雇用調整を実施したのである。

第1章　企業の規制とは

　現在のように景気が安定的に推移する中で，企業の業績も拡大を続ける環境にあっては，時限的・制度的な雇用調整が行なわれることが少なくなった。

　しかし，いつの時代においても雇用する側も雇用される側も，この時のリストラの経験を忘れてはいけない。

　経営側は業績の拡大を過信せず，それが今の実力を反映したものかどうか，検証しながら着実に進むことである。

　労働側においては，いつまでも「雇用の安定」を企業に求めるのではなく，個々人が実力で「雇用の安定」を獲得しようと考えることが，リストラを経験してきた人のリストラ後の就労に生かす知恵である。

　最早，会社に寄りかかっていれば一生安泰だなどと考える時代ではない。今後の日本の経済成長には，絶え間ない技術革新と生産性の向上がキー・ファクターであると言われているように，個人にとっては自発的な行動と，その裏づけになる自主的な研究や知的創造性の開発努力が必要なのである。

　新卒も中途入社を考える人材も，優良企業に入社することが目的ではなく，入社後にどんな分野で自分の実力の成果を評価してもらうのかということを考える時代である。企業に入っただけで満足してしまい，後は何とか定年までしがみついていられるだろうと考えている人がいるとしたら，今すぐ考えを改めたほうがいい。

　今の時代，「雇用の安定」は，自分自身が保証することであり，他の誰もコミットしてくれはしない。むしろ，今よりも誰よりも向上するためには，今の自分は何をするべきかということを考え続け，目標に向かって努力することが，いつの間にか会社や社会に役に立つ人間に成長することにつながる。

　「雇用の安定」を求める小さな自分を捨て去り，会社の枠を超えた「期待され続ける人材」になるよう志を高く持つことが大事である。

日本の国債と地方債の合計残高が800兆円に上ったが，この膨大な赤字について，その原因と責任を追及する人はいない。

　企業のリストラの原因をバブル経済の崩壊と片付ける経営者も多いが，単に「資産バブル」が問題の本質ではない。国政レベルで規制改革の必要性が論じられている時に，企業内に蔓延する規制について触れようとしないところに問題の本質がある。

　会社の屋台骨を徐々に蝕んでいる「企業内規制」を解消しない限り会社の未来はないといっても過言ではない。

1.4　名ばかりの「コンプライアンス経営」

　外資系生命保険会社のＢ社は，アメリカに本社を置くグローバル企業で，全世界に64ヶ所の営業拠点を持っている日本でもよく知られた会社である。日本支社はここ数年，２ケタの保険契約の伸びを示しており，2005年度は全世界の10％のシェアを占めるに至ったため，アメリカ本社からの要求も一段と強くなってきた時であった。

　Ｂ社の広報宣伝部のＴ部長は，自己主張が強い割には強い者には巻かれろタイプの典型的なローパフォーマーであった。何かというと，「本社の指示だから逆らうわけにはいかない」といって，ラインの営業部長クラスの要望をことごとく跳ね除けていた。

　例えば，名刺に関しても多くの営業社員からクレームが上がっていた。Ｂ社の名刺は，横長の横書きスタイルで，会社のロゴを紙面の左側に配した洒落たデザインに仕上がっていた。

　しかし，他社の名刺と比べると，文字サイズが極端に小さいため，名前の文字が読みづらく，肝心の会社の電話番号やメールアドレスなどもメガネでも使って見なければ一字一字が判別できないほどの小さな文字が印字されていた。

第1章　企業の規制とは

　若い営業社員からは度々，支社長を通して「名刺のフォントサイズをもう少し大きくしてほしい」という要望が出ていた。名刺は1箱100枚入りだが，新卒などは入社してから半年位は飛び込み営業をさせられるため，1箱では1週間と持たなかった。それだけに身分を証明する名刺は重要な販促ツールであった。

　にもかかわらず，T部長は「全社的にCVI（Corporate Visual Identity）規程で決まっているから勝手に変えるわけにはいかない」といって，彼らの申請を却下してきたのである。

　T部長は，広報宣伝部長という職権を濫用することによって，自分の存在感を社内外に示してきたと言える。

　CVI規程制定の目的は，一般に，広告や媒体における表記方法を統一することによって，効果的な広告掲載を行なうことができるようにすること，ブランドの認知度やブランド価値を高めることである。

　しかし，T部長はCVI規程の本来の目的から逸脱して，CVIを武器にして，日本支社の広告に関わる審査権を持ち，ロゴマークの使用制限を行ない，クライアントに提出する企画提案書やプレゼンテーション資料の社外への提出許可権限まで掌握しようとしていたのである。法人営業部の営業担当者の業務に，広報宣伝部長との折衝という項目が加わったようなものであった。

　そのため，営業担当部門の不満は鬱積していくという結果をもたらした。

　広報宣伝という会社のブランド価値を高めることが目的の部門の責任者が，個人の目的のために会社を利用するような行動をとると，会社組織は機能しなくなり，ついには競争に敗北することになるのである。

　本来，名刺はクライアントの担当者が見やすく，ある程度の大きさの文字で明瞭に必要事項が書かれていれば目的は達成するものである。

フォントサイズやロゴの大きさに統一性を持たせるという規程には，当然，融通性があるはずである。CVI規程を盾にして，社外に出すモノであればどんなモノでも，広報宣伝部を通さなければいけないなどといわせる組織も機能不全に陥っていると言わざるを得ない。

　もっとも，この時の直属上司は社長であったが，社長も，こと本社の指示となると口を出せない度胸のなさが，T部長の独断専行を許す原因を作っていたのではないだろうか。

　半年くらい経ったある日，このT部長が不祥事を起こしたというウワサが社内中に広まった。事の真相は，B社の取引業者から金品を受け取っていたことが部下の「内部告発」によって発覚したということである。

　しかし，B社の社長はT部長を戒告処分にしただけで済ませ，逆に不正を内部告発した部下を辞めさせてしまった。

　何ともやり切れない話である。こういう会社に限って，Pマークを重視したり，「うちはコンプライアンス経営をしています」などと世間に公言してはばからない企業体質なのである。

　このケースは，会社のスタンスや価値観，経営理念，経営方針などが組織の末端まで浸透していない典型と言える。

　B社について知る限りでは，B社は外資系企業の特徴として，Code of Conduct（行動規範）を規程に持ち，SOX法の適用を受ける会社であったが，日常の実践行動として誰一人としてこれらの規則の意味や本質を理解して行動する社員はいなかった。

　会社法や公益通報者保護法，金融商品取引法の施行など，いくら企業にコンプライアンス（法令遵守）経営を強制したところで，経営者の意識が変わらない限り，ただの絵に描いた餅に過ぎないのである。企業経営に必要なことは，組織の役割と個人の役割を全従業員に自覚させ，業務を通して実践させることである。

人事制度や業務分掌規程の制定などで体裁を整えても，実践が伴わなければ無駄に終わる。企業の組織は，誰のためにどんな内容のサービスや製品をどんな条件で提供することが求められているかという役割を内在する。

したがって，組織の構成員は全員，そのことを理解して業務を行なわなければならない。

先程の生命保険会社の広報宣伝部の例で示すと，自社の企業広告を媒体に載せる場合の顧客は，お金を出す生命保険会社であり，窓口になっている担当者（広報宣伝部長）である。

その場合，当然，広告の制作会社も介入することになるが，やはり顧客は生保会社である。広告掲載の決定権や広告代理店の選定権は，広報宣伝部長にあるため，広告代理店や広告媒体企業の業者選定のプロセスにチェックが入らなければ，広報宣伝部長と広告代理店などの間に癒着の構図が生じる危険性がある。

日本企業の場合には，稟議書を作成し，業者選定も相見積りを行なうルールがあるが，この辺のプロセスはどうにでもなる。肝心なのは，担当者の倫理観や道徳観である。

「誰のために何のために業務を行なっているのか」というシンプルな質問を前に，常に自問自答するようでないと勤まらない。

ルールや仕組みを作るのは人間であるが，ルールや仕組みを壊すのも人間なのである。

1.5 大企業病という病気

成熟した企業が陥りやすいワナに，「大企業病」と呼ばれる病気がある。インフルエンザと同じように，社内に蔓延しない内に撲滅しておかなければ，やがて大企業病が社内の隅々まで浸透してしまい，会

社は衰退の道を辿ることになる。

1．現状分析

大手広告代理店のC社は，自社の現状把握と問題の抽出のため，5月半ばの2日間を使って「経営改革会議」なるものを開いた。2005年のことである。メンバーは本社の部長以上の「経営会議メンバー」である。

背景には，それまで誰もが薄々感じていた現状認識があった。
「このままでいいのか？」
「この会社に未来はあるのか？」という焦燥感であり，
「この現状を変革しなければ当社の未来はないのではないか？」という漠然としたものであった。C社の現状に対する危機感をメンバーが共有することになったきっかけは，およそ1ヶ月前に行なった4月度経営会議における経営企画部長の提案からであった。

席上，経営企画部長はC社の現状について発言した。数項目にまとめられた現状分析の結果は，そのどれもがメンバーの納得するものであった。一言で表現すると，いわゆる「大企業病」の兆候なのである。経営企画部がまとめたC社の現状は，以下の3項目25課題である。

(1) 社風，組織体制について
① 主体性，当事者意識の欠如
② 毎年の組織変更と人事制度改訂による社内の退廃的ムード
③ 官僚化の進行と自己防衛の風潮
④ 窮屈なルールに対する社員の失望感
⑤ コンプライアンス意識の欠如
⑥ システム化の遅れによる労働集約型業務処理
⑦ 不透明な決裁手続き

(2) 社員について
① 基本的マナー（挨拶，礼儀，返事）の欠如
② 仕事に対する愛着，自信の欠如
③ 描きにくいキャリアプラン
④ 退職率が高止まっている
⑤ 新規採用が困難
⑥ 会社に対するロイヤルティーの欠如
⑦ 不透明な人事評価と人材育成計画
⑧ 顧客満足度が低い

(3) 営業戦略について
① 機能不足のワンストップ営業
② 提案力のないコンサルティング営業
③ 多商品化による経営資源の分散化
④ 急激な多店舗化による会社の弱体化
⑤ 差別化のない商品・サービス
⑥ 中途半端な外資系イメージ
⑦ ポートフォリオが確立していないビジネス
⑧ ブランド力の弱さ
⑨ クライアントからの低い評価
⑩ 見えない会社の特徴

2．経営改革会議の開催

こうした現状の分析結果を踏まえて，経営企画部長は参加メンバーに対して経営改革の必要性を訴えた。
　そして，ついに5月の連休明けに「経営改革会議」を行なうことが決まったのである。

経営企画部長の提起した問題点の骨子は、以下のような内容である。
(1) 現状変革の必要性
(2) 組織や制度、価値観や意識に対する抜本的な改革が必要である
(3) 経営会議のメンバーが現状認識を共有し、早期に問題解決に取り組む必要がある

これらの現状改革の課題に対し、経営幹部が経営改革会議で徹底的に討論を行ない、会社のビジョンと目標を明確にすることになった。

都内のビジネスホテルの会議室を使って開かれた「経営改革会議」は、初日から失望させられる内容になった。

というは、「フリーディスカッション」が前提の会議のはずが、誰かの発案で取り決めた「会議のルール」が事前に発表されたからである。そのルールは以下に示すように、発言内容を規制するものに他ならなかった。

『経営改革会議におけるルール』

第1に発言は特定の個人を非難、中傷、批判するものでないこと
第2に人の意見に反論する時は、相手を非難するのではなく、あくまで相手の意見に対して行なうこと
第3に意見は建設的な内容であること
第4に人の発言を遮ってはいけないこと
第5に議論の中に個人名は出さないこと

等々である。

参加者には誰が「会議のルール」を作ったかはおよそ見当がついたが、これらの「ルール」は、会議に参加する者の意欲を失わせるのに

十分な効果があった。

会社が「経営改革」と銘打って，経営幹部が正面から議論を戦わせる場を設定したのであれば，参加者も本気で，つまり，肚をくくって徹夜で議論したはずなのに，つまらないルールを作ってブレーキをかけたものだから参加者は途端にやる気を失ってしまったようである。

所詮，C社はそれだけの会社だったのかもしれない。一方で戒厳令を敷いておいて，もう一方で自由に話し合おうと呼びかけても，誰も自由闊達に話すはずがない。長時間にわたる会議が形式的なものに終わったことは言うまでもない。

3．経営改革会議の成果物

経営改革会議の結論は，一言でいえば「経営理念への回帰」ということであった。しかも，その中身が経営の実態と乖離した見せかけの理念であるだけに，参加者には「何のための会議だったのか」という，ある種の後悔だけが残ったのである。

日頃，会社の掲げた経営理念どおりに実践できていたら問題は起きない。実践できていないからこそ，さまざまな問題が発生し，社員のモチベーションが低下しているのである。

にもかかわらず，経営幹部が出した結論が，会社設立の出発点に戻って経営理念を実践しようという，スゴロクみたいな堂々巡りをして終わってしまった。

経営理念どおりに実践できない原因はどこにあるのか，誰に問題があるのか，というところまで掘り下げて議論を尽くさなければ何の意味も持たなかった。経営陣の中には，そのことがわかってはいるが，口に出して言えないもどかしさがあったという人がいたかもしれない。

結局，この会議で明らかになったことといえば，現在の経営幹部にこれからの会社経営はできないという現実だけである。

今まで順風に乗って経営が拡大してきたのは，ただ単に経営環境がよかっただけということを立証するのには十分な会議であった。ソリューションを持たない人の集団が，自ら経営陣などと称して社員を偽ってはいけないのである。

　人は本気でモノを考え他人と真剣に語り合う中から，いいアイデアやモデルが生まれる。表面的に付き合う人間関係に進歩も発展もない。会社という共同体に仲間として参加している時，本気で会社や人生について語り合わなければ，今後どこでそのようなチャンスにめぐり会えるというのだろうか。

　会社の気の合う人が何人か集まる飲み会の場で，よく耳にするコトバに，「飲んだ席で仕事の話はよそう」などというのがあるが，「普段も飲んだ時も仕事の話ができないような間柄なら，何のために飲むのか」と言いたい。いつでもどこでも仕事の話ができないような人とは付き合わないほうがいい。ストレス解消やバカ騒ぎをするために飲むというのなら，会社以外の人たちと飲めばいいのである。

　この経営改革会議の結果を見れば，大企業病の病巣がわかる。直面する重大な問題を解決するという会議にも，必ず「規制」がつきまとうのである。

　会社の根幹に関わる問題を解決するのに，会社にとって現職の経営幹部にとって，不利な激論をさせないように「規制」を設定する主催者と，その決定に黙って従う経営幹部に会社の将来を期待できるだろうか。これこそ根本的な問題であり，こうした慣行を排除しない限り，とてもＣ社の未来は語れないのではないかとつくづく考えさせられた会議であった。

４．ホンネとタテマエ

　穿った見方かもしれないが，Ｃ社の経営改革会議は，初めから幹部

社員に対して「自社の経営理念を再認識させる」ことが目的だったのかもしれない。経営幹部に改めて経営理念を周知することに抵抗感があるのではないかと考えた経営企画部長が，議論の結末が「経営理念の回帰」になるように仕組んだとも考えられる。

しかし，たとえそれが真実だとしてもこの会社には未来がないように思う。

その証拠を示す2つの点がある。1つは，会社の現状を分析し，問題点も提示しておきながら本来，ホンネで議論を尽くすべき会議を「無難に収束させるというタテマエ重視のルール」を作って骨抜きにした点である。もう1つは，議論の方向性についても意識的に誘導し，最後に落としどころを見つけ，形を作って結論とするような田舎芝居を演じた点である。

この経営改革会議開催の意味は，現経営陣に対する社内の批判の矛先を回避することにあったのではないだろうか。

つまり，会社が現状の問題点を十分認識しているが故に，現状を打開するための改革会議を開き，経営幹部が休みを返上してまで会議で議論を重ねたという既成事実を作って，会社経営に対する批判をかわすという目的があったと考えられるからである。

また，経営幹部の中には「本気」で経営改革を考える人が出て来ないとも限らないので，予め，そういう人のために釘を刺しておいたとも考えられる。

「自由討議」を装った経営改革会議の中身は，「規制会議」であったと言えないだろうか。

いずれにしても，このような演出をしてまで現経営陣を肯定する会社には将来がないということだけは断言できるのである。

第2章

部門別「規制」の実態

　次に，会社内の各部門に存在する「規制」の実態について明らかにしていく。

2.1　営業部における規制

1．理念なき売上至上主義の行き着くところ

　どんな業種の営業でも，売上，利益，販管費等の予算やノルマを持たない社員はいない。一定期間における営業成果，営業実績を測定するスケール（評価項目）にはどんなものが適当かという判断は，会社や業種によって異なるが，たいていの会社は数字（数値目標）で管理している。

　その数値目標を個人別の売上予算，経費予算，営業利益予算という形にして，「目標管理制度」というツールを使って，月間，四半期，半期，年間という単位の予実績管理を行なっている会社が多い。

　目標管理制度では，会社が決定した全社目標が部門目標に落とし込まれ，部門目標が課の目標に細分化され，最後に個人目標にまでブレークダウンされる仕組みになっている。

　少し前によく耳にした「成果主義人事制度」は，1990年代に「成果」を測定する評価要素の代表として採用されることが多く，今では上場企業の80％以上の企業が，成果にウエイトを置く目標管理制度を

図2-1　人事制度の概念図

[図：中央に「社員の納得性」を囲む三角形、頂点に「等級制度」、左下に「給与制度」、右下に「評価制度」。周囲に「モチベーションアップ」「保有能力の発揮」「評価結果の反映」の吹き出し]

導入している。

　本来，目標管理制度に相応しい業種・職種とそうでない業種・職種があるが，長期不況の脱出策として1993年頃から日本企業に「成果と役割を基軸とする人事制度」の代名詞として目標管理制度が流行りだすと，途端にそれが人事制度の王道であるかのように採り上げられ，急速に全国展開するようになった。

　日本特有の，主体性のない「横並びの発想」がその根底にある。尚，人事制度（図2-1）については，別の機会に詳述する。

　企業が売上や収益を追求するのは当然のことであり，利益を出せない企業は存続の意義を失うことになる。

　しかし，今まで著者がコンサルタントとして訪問した企業には，意外と予算編成の対象となる売上や営業利益の数値目標に根拠を持たないことが少なくない。

　モノ売りの会社であれば「単価×数量＝売上」という論理や，メーカーが財務会計で使う「売上－売上原価＝売上総利益－一般管理費－

販売費＝営業利益」という損益計算式が正しくないといっているわけではない。もっと根本的なことである。予算を決定する経営者は、予算の実行者に対して説明責任を持つべきである。

つまり、前年の実績をベースに来期の予算を決める方法について、疑問を持つのである。予算はどの会社でも、通常今期が終了する2〜3ヶ月前から来期予算の編成を始める。予算編成の業務手順は、先ず社長が役員会や、外資系であれば本国の指示や方針に基づいて売上および利益予算の大枠を決め、その数字を各部門長に示した上で、部門長から部門予算の損益計算書を提出させる。

その後、コントローラーや予算部門の責任者と調整を行ない、最終決定する。

前年対比15％アップとか3年後に200億円の売上目標を達成するために、来期は120％の目標にしたい、といった目標設定を行なう傾向がある。

考えなくてはならないのは、どんな根拠があってそのような数値目標を設定をするのか、経営者には説明する責任があるのではないだろうか。

少なくとも株主や顧客、従業員や取引先、地域社会などのステークホルダー（利害関係者）に対して論理的に説明できる目標数字を掲げるべきである。

「マーケットの10％はシェアとして持ちたい」とか「ウチは外資系だから前年比2ケタの成長がないといけない」などという説明にもならないような数値目標は、およそ説得力に欠ける。

「マーケットの10％のシェア」を達成した場合に、次の戦略としてどんなことが可能になるのか、最終目的がマーケットシェアの10％なのか、そうでないとすると会社の最終目標は何なのか、その辺の説明は筋道を立てて論理的に行なうことができなければならない。

経営理念，ドメイン，経営方針にも根拠があるべきことは言うまでもないが，毎年目標にする数値にも，戦略や戦術にもステークホルダーが納得できる根拠が必要である。

規模の論理の先にはどんなビジョンがあるのか，このことが大事である。経営者は事業を立ち上げた時から経営理念（Ideal style＝理想型）を持つべきであり，理想のないところに企業価値は生まれないのである。

構造改革によって，農業や教育，医療等の分野に営利を追求する民間企業が参入できることになった。グローバル競争の真っ只中で民間企業が参入することによって，収益性ばかりではなくサービスの質の向上が期待できるようになる。

護送船団方式で守られてきた規制の枠が外れ，顧客のニーズを満足させるサービスかどうかで真価が問われる時代になった。

官民公平な条件の下での競争が，モノやサービスの価値を決める時代に突入したことを経営者は自覚していなければならない。

2．悪貨は良貨を駆逐する

2002年という年は，アウトプレースメント（再就職支援）会社にとって超多忙な1年であった。日本企業がまだ不況のどん底にあえいでいた年である。

ITバブルの崩壊により，IT・電機業界は大手6社（日立製作所，東芝，三菱電機，NEC，富士通，松下電器産業）の連結最終赤字総額が過去最悪の2兆円に膨らむという状況であった。日本企業はどこも過剰な設備投資，過剰債務，そしてバブル期に大量採用した人員の人件費が経営を圧迫していた。

その結果，電機業界を中心に人員削減が行なわれ，1998年に次ぐピークを迎えた。電機業界各社は，人員合理化策として，「希望退職

第2章 部門別「規制」の実態

制度」や「早期退職者優遇制度（早退制度）」といった制度で応募者を募るとともに、工場閉鎖や売却、他社との統廃合で乗り切ったのである。

ちなみに、この時の人員削減数は、日立製作所が29,000人、東芝19,000人、NEC16,000人、富士通22,000人、ソニー13,700人という膨大な人数であった。

中堅アウトプレースメント会社D社の法人営業部長とキャリアカウンセリング部長は、双方とも自己主張が強く、日頃から何かにつけて意見が対立していた。

アウトプレースメント会社の使命は、会社を退職した社員に対して行なう再就職支援である。

不採算部門を持つ企業や債務超過などで経営危機に陥った企業が、経営再建計画の一環として人員合理化のための制度を作り、募集期間を設定して応募者を募るのが一般的な方法である。

通常、日本企業の場合、年齢と勤続年数を重視する年功序列型給与体系を採ってきているため、希望退職制度の応募条件には45歳以上59歳未満の社員を対象とする企業が多かった。この年齢ゾーンの社員の人件費が、企業にとって一番負担になっていたからである。

「設備」「債務」「人員」という3つの過剰在庫を抱えた日本企業が、長期不況の中で人員合理化策を進めたのである。

会社の希望退職制度に応募した社員は、(1)会社都合退職金、(2)退職加算金（特別加算金）、(3)再就職支援サービスという3つの募集条件の内の1つとして、会社が契約した「再就職支援」を専門とするアウトプレースメント会社のノウハウを利用して転職活動を行なう。

企業が経営戦略の失敗からリストラを行なうことになったので、希望退職制度に応募した社員に対しては、企業に残った体力で、転職のためのできる限り最大限の措置を提供することによって、企業の社会

的責任を果たそうとする傾向が強くなっていった。

　しかし，希望退職制度の応募者が再就職支援を希望するかどうかは本人の自由である。希望退職制度の申込を行なう時，会社が用意した「希望退職適用申請書」（＝「転職支援プログラム適用申請書」）という用紙に，「再就職支援サービス」の希望を訊く欄があり，退職者本人の判断に任せている。

　一方，再就職支援会社のキャリアカウンセラーは，希望退職制度の適用者が転職活動の中で，入社を希望する企業への再就職が決定するまで懇切丁寧に就職ノウハウを指導してくれるという仕組みが再就職支援サービスというものである。

　このように，バブル経済崩壊後の日本では，企業の雇用調整の拡大と歩調を合わせるようにして，急ピッチでアウトプレースメント市場が拡大していったのである。

　「アウトプレースメント」は，社外で仕事を探すことと訳せるように，再就職支援を求職者とキャリアコンサルタントが一体になって行なう再就職支援サービスである。

　その起源は，非常に古く，1840年のアヘン戦争にまで遡る。アヘン戦争は，当時，イギリスがアジア貿易を目的として創設した東インド会社の貿易赤字を解消するため，綿製品をインドに送り，中国（清）にはインド産アヘンを密輸出し，その対価として中国の銀をイギリスに送るという三角貿易（図2-2）を行なったことに起因する。

　結局，2年間続いたアヘン戦争は，1842年にイギリス艦隊の勝利に終わり，同年8月29日，両国は南京条約に調印した。

　戦争が終わり，イギリス艦隊に乗船していたイギリス兵が本国に帰国した時，就職に困った船員の再就職を斡旋したことがアウトプレースメントの由来であると言われている。

　尚，この時，設立した会社は私が以前勤めていたクーツキャリアコ

第2章 部門別「規制」の実態

図2-2 三角貿易

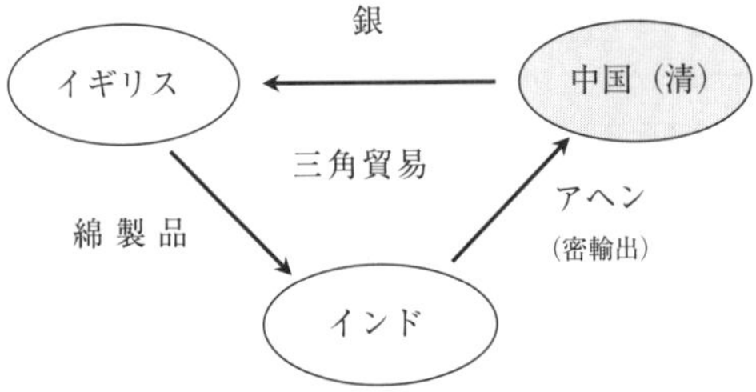

（イギリス）←―銀――（中国（清））
　　　　　三角貿易　　　↑
　綿製品　　　　　　アヘン
　　　↓　　　　　　（密輸出）
　　　（インド）

ンサルタンツというイギリスの会社である。

　ここで、アウトプレースメント会社の再就職支援サービスについて、簡単に説明しておきたい。

　再就職支援会社には、クライアントに対して雇用調整のコンサルティングを行なう「法人営業部」、希望退職制度に応募して再就職支援を申し込んだ退職者（求職者）に対して、再就職のカウンセリングを担当する「キャリアカウンセリング部」、求職者が希望する企業の求人情報の提供や求人企業の開拓を行なう「求人開拓室」という3つの部門がある。

　各部門、各職種の担当業務は、以下の図2-3に示したので、参照いただきたい。

　アウトプレースメントは、景気に左右される事業である。経済のメカニズムから、不景気の時に需要が拡大するという特徴があるため、現在のように景気が持続的に拡大している状況においては、企業は、時限的かつ大規模なリストラを実施しない代わりに、社内において十分に能力を発揮できない社員に対して、社外のキャリアを生かすチャンスを提供する「セカンド・キャリア支援プログラム」や「キャリア開発支援プログラム」という名称の恒常的な転職支援制度を人事プログラムとして用意する企業が増加している。

図2-3　再就職支援サービスの担当職種と業務フロー

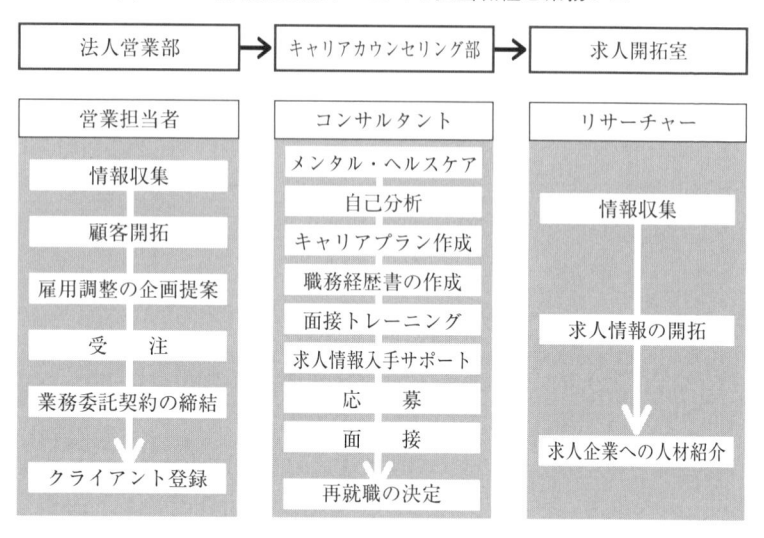

```
┌──────────────┐  ┌──────────────────┐  ┌──────────────┐
│  法人営業部  │→│キャリアカウンセリング部│→│  求人開拓室  │
└──────────────┘  └──────────────────┘  └──────────────┘

┌──────────────┐  ┌──────────────────┐  ┌──────────────┐
│  営業担当者  │  │  コンサルタント  │  │  リサーチャー│
├──────────────┤  ├──────────────────┤  ├──────────────┤
│   情報収集   │  │ メンタル・ヘルスケア │  │   情報収集   │
│   顧客開拓   │  │     自己分析     │  │              │
│雇用調整の企画提案│  │ キャリアプラン作成 │  │ 求人情報の開拓 │
│     受注     │  │  職務経歴書の作成  │  │              │
│業務委託契約の締結│  │  面接トレーニング  │  │求人企業への人材紹介│
│クライアント登録│  │ 求人情報入手サポート│  │              │
│              │  │     応　募      │  │              │
│              │  │     面　接      │  │              │
│              │  │   再就職の決定   │  │              │
└──────────────┘  └──────────────────┘  └──────────────┘
```

　D社は，アウトプレースメント業界では後発組であったため，差別化のためのノウハウが不完全なばかりか，法人営業とキャリアコンサルタントのリレーションもうまくいっていなかった。

　2002年の9月某日，営業担当社員のI氏がやっとの思いで受注した横浜にある老舗ホテルの雇用調整案件に対して，キャリアカウンセリング部のS部長からクレームの電話がかかってきた。話の内容は以下のとおりである。

　稼働率が極端に低下した横浜の某有名ホテルは，メインバンクからの要請で，慎重かつ極秘裏にアウトプレースメント会社を選定し，早期にリストラを実施しなければならない状況にあった。かなりタイトなスケジュールの中で退職者を確保することは，リストラの経験のないホテル経営者にとって，夜も寝られないほどのプレッシャーであった。

第2章 部門別「規制」の実態

　そのホテルは伝統を重んじる，格式の高いホテルということで常連客の間では有名であったが，稼働率が悪く営業不振が続いていたため，しばらくメインバンクを通じてM&Aに出されていた。

　フランスの超有名ホテルから営業権買取のオファーが来たのは，M&Aに出して約半年後のことである。

　メインバンクとホテルの経営幹部は，このフランスの超有名ホテル経営者と数回協議を重ねた結果，フランスのホテルに営業権を譲渡し，横浜の老舗ホテルの経営陣は，運営管理を行なうということになったのである。

　というわけで，買収したフランスの超有名ホテルによって，老舗ホテルの再建計画が立案された。

　ホテルの内外装を初め，ホテル経営の全システムはフランスの超有名ホテル流儀に変更し，早期に業績回復を図る計画である。

　同時に，新体制における人員計画が決まり，30人の希望退職者を募集することになった。

　これに伴い，希望退職制度の実施方法は，募集期間内にホテルの全員が直属上司と面接を行ない，上司がその場で退職を勧奨するという形式が採られた。募集期間も2週間と短期であったため，D社の再就職支援の拠点となる横浜キャリアセンターを見学したいという要望が，多くの応募者から寄せられた。

　制度への応募者は，自分の担当予定のキャリアコンサルタントだけでなく，キャリアセンターや再就職支援のための設備や雰囲気も見てから決めようという考えで，これはこの業界ではごく一般的な慣行になっている。

　ホテルの人事部長から施設見学の予定を告げられたI氏は，早速，横浜キャリアセンターに連絡を取り，電話口に出たキャリアコンサルタントに次のように告げた。

(1) 現在，自分の担当している横浜のホテルが2週間の予定で「希望退職制度」を実施することになった。
(2) このホテルでは，今回初めて「希望退職制度」を実施するので，当社のこともアウトプレースメントについても何も知らない。現在，数人の希望退職予定者からキャリアセンターを見学したいという要望がホテルの人事部を通して来ている。
(3) 募集期間が2週間と短期であり，施設の見学希望者も多いが，何とか手の空いているコンサルタントに施設見学の案内役と再就職支援内容の説明をお願いしたい。

というような話をした。
すると，電話に出たベテランのキャリアコンサルタントから
「キャリアカウンセリング部長の承認は取れているのか？」
と言われた。I氏は，何故そのようなことを訊くのかわからなかったので，

(1) 自分は法人担当の営業社員なので，部門の売上予算を上げるために仕事をしていること
(2) どこのアウトプレースメント会社でも，クライアントの退職予定者のキャリアセンターを見学したいという要望に対して，一々社内の上司の許可をもらうなどの手続きを取る会社はないこと
(3) 横浜キャリアセンターは現在も再就職支援対象者が少ないため，このまま行けば不採算で閉鎖することも視野に入れなければならないこと
(4) 閉鎖になれば担当のキャリアコンサルタントは契約を打ち切られること

などについて話した。
しかし，ベテランのキャリアコンサルタントは，
「とにかくキャリアカウンセリング部長S氏の指示がなければ受け

られない。S部長に逆らうと後で何をされるかわからないから，先ずS部長に許可をもらってから電話をかけ直してほしい」ということであった。I氏は少し呆れて，

「あなたは誰のために仕事をしているのですか？ 施設見学の受け入れというキャリアセンターのごく当たり前の仕事について，一々上司の許可を取らなければ仕事ができないなんて，おかしいと思わないのですか？」といってから電話を切った。

外出先にいたI氏は，仕方なくS部長に「許可」をもらおうと電話をかけると，S部長は今，福井県のクライアント訪問で留守だという。とりあえず本社に帰って席に着くと，ちょうどS部長から電話がかかってきた。

S部長は，I氏が電話に出るといきなり強い口調で，

「君はいつからキャリアセンターに対して指示ができる身分になったのか？」とI氏を脅すように言った。

I氏は先程，横浜キャリアセンターのベテランコンサルタントに話した内容に加えて，S部長に対しては，「顧客がいなければ事業が成り立たないのだから，当然，顧客優先ではないのか」というような本質論を持ち出したところ，S部長は烈火のごとく怒り，「それじゃ勝手にしろ！」と捨て台詞を吐いて電話を切ってしまった。電話を切られたI氏も怒りが収まらず，直接社長に電話で事の顛末を告げると，社長は，

「まあ，そんなに興奮するなよ。S部長には僕から言っておくから」というだけで電話を切ってしまった。社長にはさして大きな問題には思えなかったらしい。

このケースではっきりしていることは，人は保身のために「規制」を作るということである。

組織の中には，このように既得権益を守ることが自分の目的であり，

企業で生き残るための方法だと勘違いしている人がいる。このような人たちが社内で権力を握ると,「悪貨は良貨を駆逐する」たとえのように,組織や企業は崩壊する運命を辿っていく。

　通常は,上司が問題の本質を捉えることができる人,あるいはモノゴトを論理的,合理的に考えることのできる常識人であれば,保身を目的に行動するような社員はすぐにでも社外に追放している。

　しかし,残念ながらD社の場合は,社長が調整型の人間であり,モノゴトの良し悪しを判断できないか,判断することを嫌う人物であったため,玉虫色の解決策を採ることが最善と思っていたのである。

　D社のキャリアカウンセリング部長の考えや行動は,世間によく見られる融通の利かない,目的意識を持たないダメ人間の典型だろうが,調整型の社長にも責任の一端がある。

　世の中に多くいる調整型人間や決裁に合議制を採ることで責任逃れをしようとする経営者が,企業の不祥事を起こした時に自己防衛に走り,問題の本質を見間違う人間の典型として世間の批判を浴びることになるのではないだろうか。

3．何でもありの社風

　やはり,アウトプレースメント会社D社の事例である。

　アウトプレースメント業界は,人材の流動化が一番進んでいるところであり,同業間では営業マンが頻繁に行き来するということが不思議ではない業界である。

　2002年という年は,依然として日本の景気が低迷している年であり,日本国中どこの地域でも企業のリストラの嵐が吹き荒れていた1年であった。

　日本の産業界で業績が上向いている企業名など聞いたことがないといわれたように,自動車産業も例外なく不採算事業所の閉鎖や人員削

第2章 部門別「規制」の実態

減を発表していた。

2000年前後から日本では,「希望退職」や「再就職支援」,「アウトプレースメント」というコトバが普通名詞化してしまった。新聞の「○○会社,1,000人の希望退職者募集」という見出しにさえ,目新しさを感じなくなってきた頃である。

そんな最中,神奈川県下に工場を持つ中堅自動車会社E社がグループ企業を含めて4,000人を超える希望退職者を募った。

D社の法人営業部のK氏は,1年半前に他の人材サービス会社から転職してきたが,なかなか新規案件は取れず,D社の退職者から引継いだクライアントをフォローするといった仕事しか行なっていなかったため,法人営業部長から毎日のように嫌味を言われていた。

というのも,K氏は新規のクライアント訪問はしていたが,今までに受注できたのは,リピート案件(同一クライアントによる再就職支援サービスの発注)しかなかったからである。

D社の社長は大手人材派遣会社の出身で,自らも派遣支社長の経験を持つため,人材ビジネスの営業職を評価する基準は,新規訪問件数と受注件数しかないと考える人物であった。

つまり,営業会議や経営会議の席では必ず,「人材ビジネスで成果を上げるためには,いかに新規訪問件数を増やすか」が最大の課題であると言い続けてきた。新規訪問件数や新規受注件数を増加させ,登録者のデータベースからクライアントのニーズに合ったスタッフをスピーディーに探し出し,発注先企業に対して,同業他社に先んじてスタッフの紹介(「業務確認」という名の事前面談)を行なう。そこには,数の論理しか存在しない。数の紹介が派遣契約に直結するからである。

とにかく,新規訪問を数多くこなし,クライアントの希望条件にマッチしたスタッフを探すことが営業成績を上げる秘訣なのである。

このような営業を長年やっていると,営業の本質がわからなくなる。

具体的に言えば、長く仕事を続ければ続けるほど深くモノを考えることのできない人材に育ってしまう危険性がある。

人が人たる特徴を失い、ただ機械的な作業を毎日淡々とこなしていくうちに、キャリア形成とか自分の将来ビジョンなどが見えなくなってくる。

D社は、売上至上主義が経営のメッセージとして末端の営業マンにまで浸透している会社であった。

中途入社でD社の法人営業部に入って、もうじき2年になるというK氏は、これまで実績らしい実績がないため、上司からの信頼も低く人事評価も標準以下であった。そこで、一計を案じたK氏は、案件の獲得にクライアントの担当者を接待するという方法を考えついた。

それは、D社の月1回行なわれる定期営業会議では、社長から月次売上予算の達成率は追及されても、経費についてはそれほど問題にされたことがないのをK氏は読んでいたからであった。

当時、業界内には、「業績不振のE社がリストラに踏み切るのは時間の問題」という情報が飛び交っていた。

D社の営業担当であるK氏にとってみれば、千載一遇のチャンスであった。K氏は、春先からE社の人事部長のO氏にコンタクトを取ろうと何度も電話でのアプローチを試みていたが、O部長からはよい返事がもらえたことは一度もなかった。

その頃、E社には10数社のアウトプレースメント会社から毎日のように電話がかかって来ていたが、O部長は株主であるメインバンクのH社とI社の役員から紹介されたアウトプレースメント会社のN社とM社以外とは会うつもりはなかった。

6月になっても、なかなかアポイントが入らないため、K氏は作戦を変更した。K氏は電話でのアポイントを止め、O部長の帰宅時間を狙って、E社の正面玄関付近の道路際で待ち伏せを決行することにし

た。K氏は，ほぼ毎日，犯人を張り込む刑事のような生活を続けた。

6月中旬のある日の夕方，K氏はいつものように会社付近の道路際で張り込んでいると，会社の玄関を出て駅に向かうO部長の後姿を眼にした。

以前に1度だけ面談した記憶が幸いして，O部長の顔は覚えていた。

K氏は偶然通りかかったフリをしてO部長を呼び止めると，「お久しぶりです。D社のKですが，以前にお会いしてから随分とご無沙汰していますので，もうお忘れでしょうね」と声をかけてから「自分も今，帰宅途中なのでよろしかったら，駅前で少しだけ飲んで行きませんか」と誘い，まんまと連れ出すことに成功したのである。

それからというもの，K氏は土日を除くほぼ毎日，O部長を接待し続けたのである。K氏も，1人では話のネタも尽きてしまうので，時には上司の営業部長と一緒に接待し，時にはキャリアカウンセリング部長やキャリアコンサルタントを数人集めてO部長を歓待した。

結局，K氏は，このような非常手段を使ってE社から再就職支援の業務委託を受注したのである。

E社では，その年の10月から希望退職者を募集し，グループ企業を含めて約5,000人が応募した。

そのうち再就職支援を希望する人は3,000人あまりで，アウトプレースメント会社3社がほぼ均等に退職者を受け入れることになった。

もう1つ，驚くべきことはK氏が7月から9月までのわずか3ヶ月間にO部長に対して使った接待交際費は100万円を超えたという事実である。

ある時は，札幌にあるE社の工場や営業店に「視察」という名目でO部長に同行を依頼し，翌日は札幌カントリークラブに誘うなど公私の区別なく執拗なまでの接待を続けた。

札幌出張では，O部長の往復の航空券代はもちろんのこと，札幌の

ホテル代や土産代まですべてD社持ちという徹底ぶりに，O部長は大満足であった。

また，E社のグループ会社を訪問するという目的で，E社の地方支店の居酒屋やスナックで，やはりE社の関係者を接待した。その中には，同日同時刻に異なる2ヶ所でK氏がO部長の接待を行なったという領収書も出てきたため，ついに法人営業部の同僚からの内部告発によって，K氏やキャリアカウンセリング部長に対して，監査部が事情聴取するという異常事態に発展した。

前にも書いたが，D社はたとえ社員が不正を働いたとしても，上司からの注意くらいで済ます「寛容の精神」で満ちている会社であった。

この時もK氏やその関係者に対しては，「譴責」止まりの処分であった。

その後，K氏の態度や行動は，一向に変わる様子はなく，今でも同じ不正を繰り返してもおかしくない状況が続いている。

但し，K氏に輪をかけるように，反省する気配が見えないのは，接待を受けた当の本人，O部長である。

翌2003年の年初に行なわれた，ある業界セミナーの講師として立ったO部長は，「再就職支援会社を上手に使う方法」というテーマでこの時の体験談を語った。

大勢の聴衆の前で堂々と行なった講演の中身は，言うまでもなくD社の無策振りと営業担当K氏の無能ぶりだったという話である。

4．愚考「訪問禁止企業リスト」

総合人材サービス会社F社は，人材派遣業を事業の中心にして，人材紹介業，アウトソーシング事業，再就職支援業，HRコンサルティング事業など人材・人事に関するトータル・ソリューション・サービスを提供するドメインを持つ会社である。

事業の出発は人材派遣だったが，最近では創業以来の高収益を拡大するために，幅広い人材サービス機能で顧客の囲い込みを図る「ワンストップサービス化」戦略を打ち立てた。

しかし，ここに来て事業部間競争の弊害が出始めた。5つの事業部はそれぞれ事業の範囲が異なっているが，所詮，人材関連事業のことである。いずれ隣接する事業部同士の摩擦が生じることはわかっていた。いわゆるテリトリーやクライアントの取り合いといったトラブルである。

後発企業がマーケットに新規参入する場合，電話のアポイントから始めるように，新設の事業部も新規クライアント（顧客企業）の獲得にはアポ取りの「種蒔き」から始めるという常道を採るものである。

例えば，人材サービス会社のある事業部と取引が成立しているクライアントに対して，別の事業部の営業社員がアポを入れることも十分あり得ることである。その場合，クライアントに提供するサービスの内容が違う場合もあるし，同様のサービスを売り込むことも考えられる。F社で問題になったのは，人材紹介の成功報酬に関して，事業部間で違うレートを提示していたということである。

通常，人材紹介会社が人材斡旋手数料としてクライアントに提示する報酬は，クライアントが求職者との面談の中で採用条件として決定した理論年収の30〜35％であるが，同業者間の競争が激化してくると，クライアントからの要望もあってディスカウント競争に発展することが少なくない。そこへ人材紹介会社の営業社員の売上予算という要素も絡んでくるから市場相場が乱れることになる。

他方，価格競争が同じ人材紹介会社内の異なる事業部の営業社員同士で行なわれる時は，営業社員間のコミュニケーション不足によることが多い。

こうした場合，「他の事業部の既存顧客にアプローチする時は，事

業部の担当営業社員の了解を取ってから行なうべきだ」という主張がいかにも正論に聞こえる。

「その顧客を開拓したのはＡ事業部のＢさんだから」というのがその根拠である。

しかし，本当にそう言い切れるであろうか。よく耳にする次のアポイントの取り方に問題はないだろうか。

「このたび，御社の担当になりましたＸ社の田村と申しますが，一度，ご挨拶に伺いたいのですが，今週のご都合のいい日時を教えていただけますか」という電話である。

こうした電話にクライアントのニーズや都合が感じられるだろうか。

「御社の担当になりました」という口上は，セールスの思い上がりである。「自社の担当者」を決めるのは，あくまでもクライアントであって，セールスが勝手に決めることではない。クライアントも自分の関心事に対して，日頃から期待するソリューションを提供してくれるセールスとの関係を大事にするのは当然のことである。

特にいえることは，人材ビジネスはソフト産業であり，商品は自分自身なのだから，魅力のないセールスを相手にするほどクライアントはヒマではない。モノ売りの営業は，商品自体に価値があるからカタログ販売でも買ってもらえるが，無形なサービスの売り込みが成功するのは，一途にセールスマンの魅力にかかっているのである。

逆に，魅力のないセールスほど他人との差別化に既得権という「規制」を利用する。その既得権意識が「自分のクライアントにアプローチするのはやめてもらいたい」などという言動になって現れる。

自分に自信がないからである。

まして，同じ会社のセールスの一方に作らせた「訪問禁止企業リスト」をもう一方のセールスに提出させることによって，クライアントの訪問を制限するようなことは論外と言わざるを得ない。

2.2 人事部における規制

　著者の約30年間に及ぶ人事・総務経験を振り返ると，これまで人事・総務部門には数多くの規制が存在していたことに気がつく。

　人事部門の仕事は，人の採用から退職まで，とにかく人に関わる業務全般である。

　人事部門の業務をざっと列挙すると，採用，教育，給与改定，給与・賞与計算，社会保険の取得喪失事務，社会保険料の月変・算定事務，人事制度の改訂，定期健康診断事務，持株会の運営，会社規程の作成と改訂，人員計画・人件費予算の策定，人事評価，退職金制度の設計と退職金支払事務，それに入退職手続きなどである。

　この中で「採用ほど当たりハズレがはっきり出る業務もない」といわれる採用について，規制の実態を検証していきたい。

　人を採用することの難しさは，採用の経験を積めば積むほど身にしみて感じるものである。人事担当者が集まる，「異業種間人事交流会」と銘打った会議などに出席した時の話題に，採用がうまくいった確率をプロ野球のバッターにたとえて，「採用担当者の生涯打率は3割」と言う人がいた。

　これは，いくら採用経験の長いベテラン人事担当者でも，過去を振り返って検証した場合，自分の採用した人が長く会社に貢献し，輝かしい実績を残したという満足感が得られるような採用の割合は，1,000人採用しても300人いれば上出来という意味である。

　「採用」という業務はそれ程難しい仕事なのである。

　この「採用」という，さしてスキルの要らない，誰にでも簡単にできる業務が，何故これほど難しいのかということを考えてみたことのある人は意外と少ないのではないだろうか。何故，どの企業でも人の

「採用」がうまくいかないのか，答えは簡単である。採用担当者が自分より能力の高い人は採用しないからである。

最近は一昔前と比べて，人材の採用を人事部の独断で決める会社はほとんど見かけなくなった。部門採用が圧倒的に多く，人事部門は人事部門のスタッフを採用すること以外は，他部門の応募者の調整業務を行なっているだけである。

いずれにしても，採用がうまくいかない最大の理由は，採用担当者が応募者の人選に当たり，「自分より能力の高い人材」を敬遠するからである。

採用の手順はざっと次のとおりである。

先ず，人事担当者が応募書類やエントリーシートをチェックし，社内の人材募集部門の求人条件に近い人材を選考する。この時の選考基準は募集部門業務の経験者を中心に行なうが，一般的に「優秀人材」といわれる人は年齢に比べて希望給与が高いので，人事部の採用担当者が自分の給与との比較で判断し，一種の妬みから選考の対象からはずしてしまう。

次に，募集部門の部門長に書類が回ってくるが，通常，部門長は先に書類に目を通さずに，部門の採用担当者に書類選考を任せることが多い。担当者にとっては，入社後は自分のライバルになるという感覚を持つため，どうしても自分を採用基準にして選考するきらいがある。こうした考えが採用基準を歪めたものにしていることは否定できない。

人事担当者と部門担当者という二重のフィルターが災いして，「優秀人材を戦力にして部門目標を達成する」，あるいは「部門の役割を拡大させ会社を発展させる」という本来の採用目的を歪めてしまっている。

その結果，部門長面接に回される人材は，「可もなく不可もない平均的な人材」になる。1次面接の段階で既に志の高いベンチャースピ

第2章　部門別「規制」の実態

リッツを持った人材は姿を消してしまうからである。

　更に2次面接や最終段階の役員面接で，この傾向は強くなり，最後に採用稟議等で社長に申請する時には「健全なフォロアー」（指示待ち族予備軍）しか残っていない，というのが実情である。

　いくら新進気鋭で，改革的精神旺盛な社長のいる会社の採用においても，同様のことが起きている。このようにして，「優秀な人が有望な新規ビジネスを創造し，新規ビジネスを原動力にして企業を発展させる」というビジネスモデルは絵に描いた餅となってしまうのである。

　採用が失敗する構造的欠陥は，人間心理に根ざすところが大きいということができる。

　「採用担当者は本人よりも優秀な候補者は採用しない。自分より能力の劣る人を採用することで，下剋上を阻止しようと思っている。採用担当者や採用決定者は，自己防衛的本能から時として企業内失業のリスクを回避する行動に出る」という人間の深層心理が働くものである。

　こうした前提に立って採用を考えると，応募者の書類選考の段階から誰が担当すべきかという質問の答は自ずと明らかになるだろう。

　その答は，社長か経営権のある役員が採用を担当することである。「ただでさえ忙しくて時間がない上に，何で社員の採用までやるのか？」とクレームをいう社長や役員がいたとすれば，その人は経営者失格である。

　2000年前後の日本の長期不況下で，断腸の思いで行なった大量の人員削減の経験を忘れてしまったとは言えないはずである。

　「とても手が回らない」というのであれば，せめて社内の重要ポストの採用には書類選考の段階から携わってもらいたい。

　「採用は，採用担当者が行なうもの」という旧態依然とした固定観念が社風を硬直化し，社員のヤル気をそぐことになっていることに経

営幹部はいち早く気が付かなければならない。

　経営幹部が，当事者意識を持って採用を行なうことによって，会社に貢献できる人材が採用できるだけでなく，採用の重要性を再認識することができる。

　経営幹部自らが採用担当者になることによって，人材を大事にするという社風が形成されると同時に，採用担当者の「規制」を排除できるという二重の効果が現れるのである。

2.3 総務部における規制

　総務部門における「規制」も無数ある。

　人事部，総務部などの管理・間接部門では，最近になってようやく「何のために自分たちの仕事があるのか？」「自分たちの顧客は誰なのか？」というテーマが日常会話に登場するようになった。

　これも時代の変化である。外資系医療品メーカーG社の日本支社の人事総務本部長室には，人事部門の役割について規定されたアメリカ本社の通達が貼ってある。「Our Mission Statement」というタイトルの通達には，次のように書かれている。

　「Our Mission of Human Resources is to make the Best Place to Work for employees.」（人事部門の役割は，従業員の働きやすい環境を作ることである）というものである。

　会社が成長し，発展するためには組織を活性化させ，労働生産性を高める必要がある。組織活性化のためには，組織の構成員である従業員が自己成長や自己満足が図れるように職場の雰囲気や環境を整備しなければならない。劣悪な労働条件下で働かせておいて，口では「頑張れ，他社に負けるな！」と叱咤したところで従業員は頑張れない。

　むしろ，今みたいな人材不足の時には，優秀な人材から他社に転職

して行く。

　したがって，経営者は当然のことながら労働条件を改善し，従業員の満足度を高める施策を打つことが重要になる。

　従業員満足は，給与を上げることだけではない。働きやすい環境とはカネの問題だけではない。

　社内が活気に溢れ，安心して仕事に打ち込める環境が用意されると，人はモチベーションを上げることができるのである。人事制度でいえば，公正，公平で従業員の納得性の高い評価制度や等級制度に裏打ちされた給与決定であり，社内環境的には，総務部門のサポート体制が整っている状態のことである。

　つまり，社内にインフラを構築する役割を負っているのが，人事部や総務部のスタッフなのである。

1．総務部の役割と総務部員の適性

　以前私が執筆した次の短文「総務部の役割と総務部員の適性」（HRメール，2001年3月22日号）をご一読いただきたい。

　総務部に転職を希望する人は，興味の対象が広範囲であることが求められる。

　会社で取扱っている商品知識はもちろんのこと，会社の事業分野やオフィス内外のどんな小さな事に関してもよく精通し，また，いつでも進んで知ろうとする意欲がなければ総務部員は勤まらない。人事部員が「人」に関して興味を持つ必要があるのに対して，総務部員は，会社のあらゆることに対して関心を持たなければならない。

　私が総務部長をやっていた時に，取引先から
「総務部は，いろいろ細かくて大変でしょう」と言われたことがある。

これに対し私は、「総務部員に必要な資質は、次の3点です。1番目が元気な挨拶、2番目に情報の収集ができること、3番目には気配りができることです」と答え、更に、例え話として以下の話をした記憶がある。

　「サラリーマンは、朝起きたら先ず歯を磨き、顔を洗ってからスーツに着替え、新聞を見ながら食事をして、いつも決まった時刻に玄関を出ます。毎日毎日同じことの繰り返しです。でも、これらの動作は特別意識しないで日常的に行なっている動作です。総務部員の仕事は、この動作の繰り返しと似ています。つまり、総務部員はオフィス内の変化をいつも敏感に察知し、社員がいつもベストな環境で仕事ができるように気を配っています。蛍光灯の電球が点滅している箇所は人より早く見つけて交換し、トイレの紙詰まりを気にかけ、トイレットロールが不足していれば清掃のおばさんに指示して補充しておきます。

　雨が降ってくれば、いち早く来客用の「傘立て」を玄関前に用意し、コピー機やパソコンのプリンタの調子を見ながら、他の日常業務をこなします。床の定期清掃や玄関前のタバコの吸い殻にも気を配ります。

　但し、こんなことは、ふだんから意識しないでもできることで、取りたてて他人に『今日はこれをやりました』、『今、こんなことをやっています』などとは言いません。もちろん、年1回の定時株主総会は会社にとって一大行事で、これをうまくやり遂げることが総務部長の最大の責務です。あなたには、こうした仕事は向いていますか？　と尋ねました」

　この説明でおわかりのように、総務部門の業務は、その会社の従業員が気にも留めないような些細なことから、株主に対する経営状況の説明責任に至るまで守備範囲はとても広いのである。

　人から「誰のためにやっているのですか？」と尋ねられたら、はっ

きり「もちろん，従業員のためです」と言えるようでなければならない。

日頃から縁の下の力持ち的な仕事をしていると，とかく言いたくなるのが，「何で自分だけこんなことをやっているのだろうか？ 他の部門の社員は，ちっとも手伝ってくれないじゃないか」という不満やグチである。

これは，その人が組織における役割を認識していない証拠である。このような不満は，やがて，人のやらないことをやっているのだから，自分が裁量権を持つのは当然だと考えるようになる。

こうした考えが正に企業内に「規制」を作ろうとしていることに他ならないのである。

例えば，法人契約のリゾートホテルの優先的利用とか，社員旅行などの幹事，また，創立記念パーティなどの時，裏方として準備をすべきなのに自分が主役のように振る舞ったりすることは，既得権確立の第一歩といえる。

更に，担当業務が長期化してくると，特定業者との親密度が増してくる。業者と親しくすることは，一見，仕事をスムーズに運ぶメリットがあると感じる人もいる。

しかし，このことが却って業務の弊害になることがある。ここでも「何のために仕事を担当しているのか」という根本的な自問自答を心の中で繰り返して仕事を遂行していかないと，本来，会社の利益になるようにやっていることが，自分個人の利益を求める仕組みに変化してしまっていることに気がつかない。

しまいには，自分の利権や既得権益を守るために「規制」を作ることに発展し，既得権益を守ることが企業内で生き残る方法と考える人物を輩出してしまうのである。

2．会社の役割を理解するということ

2006年9月，保険金不払い問題で渦中にあった損害保険会社H社の「評価者研修」を担当した時の話である。一日研修の講師を行なって感じたことは，企業の不祥事発生の原因は，決して一個人の問題に留まるものではないという確信である。

問題を起こす企業は，規模の拡大のみを追い続けた当然の帰結ではないかと思う。新聞報道では「ずさんな業務運営が露呈」という一言で片付けているが，この時の研修を通して著者は，はっきり組織内部が腐っているということを実感した。

企業不祥事の原因を究明していくと，たいていの場合，企業ぐるみの組織的犯罪と言えることが少なくない。その理由は，昨年実施したH社の管理職研修の講義の中で行なった，受講者に対する次の質問の回答にある。

講師「今，日本企業は新しく『役割等級制度』を導入するところが多くなってきました。仕事を遂行していく上で，『誰のために，何のために，どのようなレベルまで行なうか』という自分の仕事に対する役割意識を持つことは非常に大切なことです。ここで，皆さんに質問します。皆さんの会社にとってお客様はどなたでしょうか？」
受講生（A課長）「親会社です」
講師「なぜ親会社なのですか？」
A課長「それは，当社は親会社のI社の事務処理を行なっている会社なので，お客様はI社ということになります」
講師「なるほど，確かにそういう考えは，契約上は間違っていないと言えますが，皆さんのサービスの提供者である最終的な顧客は，損害保険契約を締結していただいている契約者ではないのでしょう

か？」

　A課長「…………」

　A課長が答に窮していると，H社の社長が代わって答えた。

　社長「いえ，当社の顧客はI社です。I社との間に業務委託契約があり，当社はI社の委託先企業なのだからA課長の答で間違いありません」

　講師「…………」

　ウソのようなホントの話である。最近のセミナーは，CSR（企業の社会的責任）やコーポレートガバナンスをテーマにしたものが人気を呼んでいるが，世の中には自分の会社や組織の使命すら考えずに「経営者面」している人がいかに多いかという事例である。

　「自分の会社は誰に対して何を貢献するのか？」という企業経営の基本的な理念や企業の存在理由すら考えずに，ただ毎日を大過なく過ごすことを心がけ，他人には「私はただ真面目に一所懸命仕事をやってきました」などという人がいるから，世の中が悪くなっていくのである。

　また，これまでは会社の上司が会社内で不正を働いたり違法行為を行なうなど社会的に間違った行動をとることに対して，部下は黙認するという構図が見られたが，2006年4月に施行された公益通報者保護法は内部告発を容易にした。

　更に，2008年度から全上場企業に義務付けられる金融商品取引法による「財務報告に係わる内部統制」が実効性を持ち，全ての企業の最終顧客が消費者であるという認識を従業員が共通して持てる世の中にならないといけない。

2.4 情報システム部における規制

　あまりいい表現とは言えないが，カネを取り扱う部門は不正の温床になりやすい。だからこそ，そういう部門の責任者は，日頃から自分の言動には気をつけることはもちろん，業務の公平性を意識して常に衿を正して行動すべきである。

1．癒着の構図

　大手通信系ソフトベンダーのJ社では，情報システム部のH部長がハード機器の導入やシステム設計の業務委託に関する件で，会社から不正があったとして懲戒解雇処分にされた。

　1994年，J社のH部長は社内のイントラネットを構築する際に，前職ハードメーカーのシステムソリューション部を通して，特別価格でシステム設計とパソコンやサーバー等のハード機器を受注したように見せかけた。

　J社は創業社長が経営する健全企業であったが，情報システム部門に優秀なリーダーがいなかったため，社内のネットワーク化が遅れていた。

　そのため，H部長が中途採用されるとまもなく，それまで情報システム部を統率していた生え抜きの部長を「担当部長」に降格し，代わってH部長に情報システム部を任せたのである。

　社長も日頃から，社内システムを整備して合理化を図る必要性は感じていたが，経営の効率化を推進していたのはむしろ専務取締役の方で，H部長の採用も当初から専務が担当し，社長は採用内定を決定した後，形式的な面接を行なっただけであった。

　全従業員に対するパソコンの一括購入に際しては，当然情報システ

ム部長出身のメーカーから購入することになったのである。

　そこに，経理部長から小額資産の購入には，相見積りを行なうことが原則であるという横槍が入ったため，他社からも見積りを取った上で，システム構築全体にかかるタイムスケジュールから見積りまでについて社内の部長会で決裁することになった。

　システム設計やハード機器の値段は，あってないようなものといわれるように，システム設計の仕様やハードのスペックは，プロの手にかかればいかようにも見せられるのである。勝負は初めから決まっていた。

　部長会には，社長を筆頭に15名の部長以上の部門長が集まった。その場に呼ばれた4社のハードとソフトベンダーがプレゼンテーションを行ない，情報システム部長の出身ベンダーに決定した。システムの導入期間の上でも見積価格の上でも4社のうちでトップの評価だったためである。

　その後，システムの導入は進んだが，しばらくして，情報システム部長の不正が露見した。ハードベンダーの担当者も代理店も関与した巧妙な手口の犯罪であった。

2．権利の濫用

　外資系製薬会社K社の情報システム部の事例である。

　一般的に，情報システムに関しては高度に専門化した領域というイメージがあるためか，なかなか他部門の人間にはわかりづらいという評価がある。

　例えば，「全社システムのセキュリティソフトを更新するため」という目的で起案された稟議書の1億4千万円という金額が高いものか安いものかという判断は，素人にはとてもムリな話である。この稟議書に対して，ある役員から「もっと安くならないのか？」という質問

が出たが，システム担当者からの専門用語を使った説明に，その役員も不承不承納得してしまったのである。

このK社の情報システム部長は，スカウト型人材紹介会社に高い成功報酬を支払ってまでして，来ていただいた「優秀な」人物である。

当時，情報システム部には部長が在籍していたため，新たに採用したD氏には「IT戦略室長」という肩書を付けて，しばらくの間，経営企画部の傘下で次期IT戦略を企画する業務を担当させることにした。情報システム部も経営企画部も社長直轄部門であるため，社長が情報システム部長とIT戦略室長の双方の力量を比較するのに都合が良かったのである。

社長は，以前から現職の情報システム部長の積極性や仕事の進め方に疑問を持っていた。

したがって，社長は現職者のミスを顕在化し退職させる前にD氏を採用し，引継ぎを兼ねて現職部長の仕事を覚えてもらうつもりであった。

D氏にとって，入社からの半年間は，準備期間としては非常に長く感じられたのも無理もないことである。その半年間は，社内の誰からも「IT戦略室は，何をする部署なのかよくわからない」という評価であった。

常識的に考えれば，「IT戦略室」という組織名からは，情報システム部で行なう業務をアウトソーシングしたような印象を与える。

D氏にとっては，中途半端な気持をいつまで維持すればいいのか，という不信感のような焦りのようなものが沸いてくる頃であった。

そういう意味では，半年後の人事異動はまさにD氏にとって我慢の限界点に近付いていた時期であった。

とにかく，情報システム部長に就任してからのD氏は，それまで溜まっていたストレスを発散するかのように，社内外に対して実力以上

第2章 部門別「規制」の実態

に自分を大きく見せる態度をとるようになった。

先ず，4階のフロアの窓際にあった部長席を部長室に改装した。内装工事業者を呼んで，スティール・パーティションで囲った10畳くらいの個室を作らせた。室内には，オフィス家具でもひときわ目立つ立派な机や椅子を配置し，サイドデスクの上には仕事に関係のないような調度品を並べ立てた。

また，外資系企業に合わせて，朝は7時に出社し，帰りは午後5時に帰るという独自の習慣を作った。アメリカ本社の情報システム部門との電話会議は主に自宅で行なうということである。もともと情報システム部は，従業員が70人を超す大所帯だったが，部長就任後は大幅に社員の入れ替えを行なった。

前任の部長が採用し，高い評価を与えていた社員や契約社員を退職させ，代りにD氏が以前勤務していた外資系企業から数人，子飼いの社員を引きぬいて来て課長などの要職に就けた。

また，業務の拡大を理由に女性の中途採用者を20数名採用した。

その上，毎日昼休みになると，その内の7，8名を外食に連れ出すということも習慣になったのである。その光景を見かけた他部門の社員からは，「今日も大名行列を見た」という冷ややかな反応があった。

2004年になると，D部長は持ち前の英語力を使ってアメリカ本社に出張することが多くなっていった。

D部長は，本社の組織改編に合わせて，日本でも組織変更を行なうよう社長に進言した。

その結果，従来「事業部制」を採っていた社内の組織を「本部制」に改めることになった。

それに伴って，情報システム部長であったD氏の肩書は「情報システム本部長」，英語のタイトル名はCIO（Chief Information Officer：最高情報責任者）に「昇進」したのである。

同時に日本の社長は，COO（Chief Operation Officer：最高執行責任者）というタイトルを付けるように指示がきたが，CEO（Chief Executive Officer：最高経営責任者）のタイトルを付けることは許されなかった。アメリカ本社に全世界のK社を統括する社長がいるためである。

　このようにしてD氏は，自分の社内における相対的な地位を高めていった。

　D氏は情報システムという仕事が好きだからそのような行動をとったのか，初めから権力を持つことが目的だったのかはわからない。人は誰でも他人から認められたいという気持がある。また，そういう気持を持つこと自体は悪いことではない。ただ，人から認められるためのプロセスや志によって人格に差が出る。

　権力を持てば人から認められると考える人と，人の役に立つことをすれば人から認められると考える人とでは，人格形成過程に大きな開きが出ることは言うまでもない。

　それから1年後の2005年5月半ば，D氏は皆の前から突然姿を消した。

　D氏が失踪した1週間後の部門長会議で，社長がD氏について説明をした。

　「今日，皆さんにはとても残念なことを報告しなければなりません。既にご存知の方もいるかもしれませんが，誤解があるといけないのでこの場で話しますが，くれぐれも社外には漏らさないよう願います」という前置きに続いて以下の話をした。

　「情報システム部のD氏が退職しました。内部告発によって内部監査を行なった結果わかったことですが，D氏に社内ルールを逸脱した行為があったことで，私は本人と話し合いの場を持ちました。そして，先週末，本人から退職の申し出があったため受理致しました。詳細に

ついては話せませんが、情報システム部長の決裁権限を逸脱して、数社と業務委託契約を結んでいたことが発覚しました。決裁権限規程によるシステム構築案件は、1,000万円を超えるものについてはアメリカ本社の承認を取ることが条件になっています。しかし、数件について、社内の手続きが未承認なまま、1億円以上のシステム開発業務を外部のシステムベンダーに発注していたことがわかりました。私も初めは半信半疑だったので、彼の部下や発注先のベンダー会社の関係者にも事実関係を確かめました。その上で、先週の水曜日に本人を社長室に呼んで、そのことが事実かどうか聞いたところ、本人もそれを認めました。私はD氏に、どうしてそんなことをしたのかと訊きましたが、本人はCIOとしてそのくらいの決裁はできるのが当たり前だと言って、別に悪気はない様子でした。当社の規程では当然、稟議決裁を上げることになっているといっても別に悪いことをしたつもりはないというので、アメリカ本社の意向を確認してから、翌日、再度本人を呼んで会社の決定を伝えました。職務権限を大きく逸脱して、会社に損害を与えたことを理由とする懲戒解雇処分という決定です。本人も先週末、会社の下した処分について納得しました」ということであった。

いわゆる解雇である。社内はもとよりアメリカの承認も取らずに、社外のシステムベンダーと業務委託契約が進んでいるということに対する処分であるが、後から関係者に聞いたところ、業務委託先のベンダーとは既に数回、ミーティングを行なっていた。そのシステム会議にはK社側から情報システム部長やシステムエンジニアだけでなく、営業部門の部長も出席していたため、ベンダー側も開発途中でキャンセルされるとは夢にも思っていなかったようであった。

結局、K社はアメリカ本社の了解が取れないため、表向きはシステムベンダーに対して本件の業務委託は社内の正式な承認が下りていな

いという理由でキャンセルを申し出たが，ベンダー側も既に相当の工数を費やしているため後には引けないということで，話し合いを続けたが，埒が明かないと判断したシステムベンダーは5ヶ月後にK社に対して告訴することを通告して来た。

この事例でわかるように，組織の中における人は，自分の欲求を追求するあまり倫理観や道徳観という規範を見失うことがある。企業内の規制を緩和して，人について回る特権意識を取り除くだけではなく，業務プロセスを明確にして内部統制ルールを構築し，従業員に規律性を持たせることも大切なことである。

2.5 生産工場における規制

1．缶詰工場の交替勤務制

小田急線の町田にある大手食品会社のL社の缶詰工場は，主に業務用のスープを製造している。1日の生産量はフル稼働で2トントラック10台分にもなる。

工場の勤務体制は，2交替制，3交替制，12時間交替制，日勤，常夜勤等10種類程度あった。

2交替勤務は，早番が6：30～15：30，遅番が13：00～22：00の時間帯を1週間交替で勤務している。主に正社員が担当していた。3交替勤務は，早番が6：30～12：30，遅番が12：00～18：00，夜勤が17：30～23：30という勤務体制で，2交替勤務も3交替勤務も正社員の募集は，関東甲信越の商業高校から行なっていた。12時間勤務は，早番が8：00～20：00，遅番が20：00～8：00の勤務になっており，所定内労働時間8時間に休憩1時間，残業3時間込みの体制である。

この12時間勤務は主に期間従業員（季節工）が担当しているが，勤

務時間を見てわかるとおり，期間従業員の勤務体制は全寮制で対応している。

かつての期間従業員は，東北地方出身者が多く，米や野菜などの作物の収穫時期の終わった閑散期に首都圏の工場に働きに来る，いわゆる「出稼ぎ労働者」のことを指したが，新宿や上野の路上などに住むホームレスや無業者と呼ばれる人たちが応募に来て採用されるケースが少なくない。かつての企業戦士たちが，失業保険給付も終わり，しばらくサラリーマン生活を再開する気力を失っていたが，このままの生活にも嫌気が差してきたため，一念発起して人生の再出発に向けて働き出そうとする第一歩である。

再就職といっても長年のホームレス生活でお金も底をついているため，全寮制が基本の自動車工場や機械メーカー，食品工場などに就職するのが一番手っ取り早い職場復帰である。朝晩の食事代は給与天引きのツケがきくし，昼は工場の食堂で定食が食べられる。

したがって，日給9,500円（残業代込み）としても，22日稼動で1ヶ月の給与は20万円程度にはなる。ここから3食の食事代と寮費，税金などを差し引いても手取で15万円は残る。

最近では人材不足から優秀な期間従業員を正社員に登用しているトヨタ自動車のような企業も出てきた。

他方，景気回復を背景に人手不足感が強まる中，企業の優秀なパートタイマーの正社員登用が拡大している。2005年にはパートタイマーの人数が1,266万人に達し，日本の雇用者数の23％を占めるまでになった。

パートタイマーは企業側から見ると非常に使いやすい存在である。企業はバブル経済崩壊後の1990年代後半から人件費抑制と景気の変動に合わせて調整できる非正社員枠を拡大してきた。

尚，2003年に全労働者に占める非正社員の割合を示したデータが厚

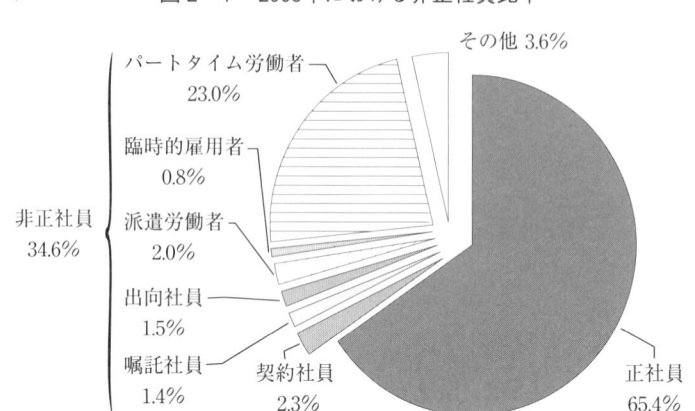

図2-4 2003年における非正社員比率

- パートタイム労働者 23.0%
- 臨時的雇用者 0.8%
- 派遣労働者 2.0%
- 出向社員 1.5%
- 嘱託社員 1.4%
- 契約社員 2.3%
- その他 3.6%
- 非正社員 34.6%
- 正社員 65.4%

出典：厚生労働省「2003年就業形態の多様化に関する総合実態調査」(2004年7月)

生労働省から発表されている（図2-4）。

2．非正社員比率の推移

厚生労働省の調査に1994年，1999年，2003年における非正社員比率の推移が出ているので紹介する（図2-5）。

非正社員の実数は，1994年が981万人，1999年は1,335万人，2003年には1,637万人と増加の一途を辿っている。

「正社員的パート」や「フルタイムパート」と呼ばれるように，勤務時間，勤務内容，責任は正社員とほぼ同じであるが，給与などの労働条件が，正社員に比べて低いパートタイマーの実態が社会問題になっている。

こうした格差問題については，「同一（価値）労働同一賃金」の原則に立ち返り，パートタイマーの労働条件見直し論に発展している。

第2章 部門別「規制」の実態

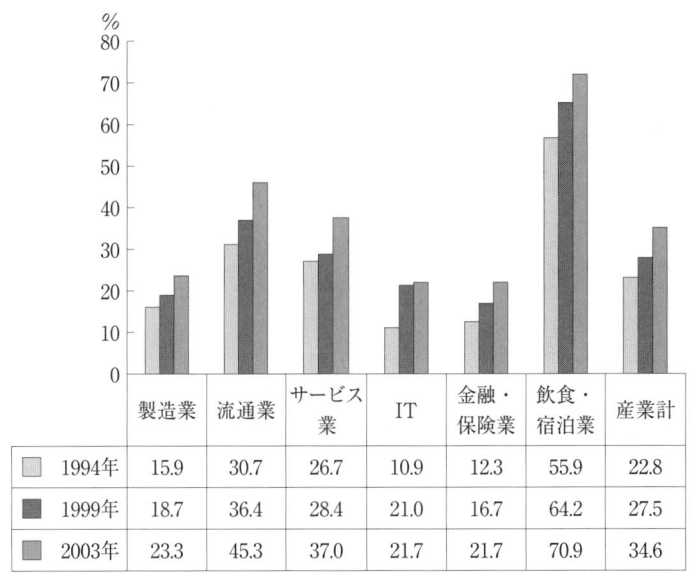

図2-5 産業別非正社員比率（%）

	製造業	流通業	サービス業	IT	金融・保険業	飲食・宿泊業	産業計
1994年	15.9	30.7	26.7	10.9	12.3	55.9	22.8
1999年	18.7	36.4	28.4	21.0	16.7	64.2	27.5
2003年	23.3	45.3	37.0	21.7	21.7	70.9	34.6

出典：独立行政法人労働政策研究・研修機構「雇用の多様化の変遷：1994～2003」（2006年8月）

3．労働分野における規制改革史

労働分野における規制改革は，約20年前から始まったが，正直，進展のスピードが遅いという印象を受ける。以下に労働分野における規制改革の歴史を記載するので参照されたい。

- ➢1985年　男女雇用機会均等法の制定
- ➢1986年　労働者派遣法の制定
- ➢1987年　職業安定法施行規則の改正，有料職業紹介業の取扱い職業の拡大

- ➢1998年　労働基準法改正，企画業務型の裁量労働制の創設
  ※1987年に専門業務型の裁量労働制の制定
- ➢1999年　労働者派遣法改正，「派遣労働」が原則自由化，「通訳」等の専門業務から一般事務が派遣の対象として認可
- ➢1999年　労働基準法改正，専門職の契約期間が1年から3年に延長，女性保護規定の解消（女性労働者の時間外，休日労働，深夜業の規制の撤廃）
- ➢1999年　改正職業安定法施行，有料職業紹介業の取扱い職種の自由化
- ➢1999年　男女共同参画社会基本法制定
  ※社会のあらゆる分野において，男女平等社会の実現を図る根拠法
- ➢2000年　労働者派遣法改正，紹介予定派遣の解禁
- ➢2001年　改正雇用対策法施行，募集，採用時の年齢制限緩和
- ➢2001年　労働契約承継法の施行，労働者保護の観点からルール化
- ➢2001年　総合規制改革会議の第1次答申発表
- ➢2004年　労働基準法改正，製造派遣解禁，一般事務派遣の期間を1

＜参考＞
- ➢2001年　総合規制改革会議（経済社会の構造改革の視点から幅広く規制改革を促進する内閣総理大臣の諮問機関）答申

「6つの重点分野」
医療，福祉・保育，人材（労働），教育，環境，都市再生
「その他の分野」
競争政策，法務，金融，農林水産業，流通，エネルギー，運輸，基準認証等，手続簡素化等

第2章 部門別「規制」の実態

　　　年から3年に延長
➢2007年　改正男女雇用機会均等法施行

　1980年代後半に初めて「非正社員」というコトバが誕生してから今日まで，わずか20年の間に正社員と雇用形態，就業形態の異なる人材が日本の全雇用者の3分の1に膨らんだ。

　このことは，少子高齢化の進展に伴い，日本の労働力人口の減少が見込まれ日本全体のパイが縮小することに関連し，将来の日本のGDPを支える活力ある経済社会の基盤を形成する主体が，次第に「非正社員」にシフトしてきたことを意味する。

　これに伴い，日本企業の経営者は，今後の人口減少社会における経済社会基盤を支える労働の大きな担い手としての「非正社員」の評価を見直し，評価結果を待遇改善に結びつけることによって，多様性人材それぞれの納得性の高い雇用環境を準備することが必要なのである。

4．非正社員の就業形態と雇用形態

　非正社員を雇用形態の違いから分類すると，派遣社員，請負労働者，契約社員，嘱託社員，期間従業員（臨時従業員），パートタイマー，アルバイトの7種類になる。これらの異なる雇用形態と仕事の内容や特徴に合った就業形態の組み合わせによって，適材適所の人材配置が可能となり，工場の生産効率は高められる（表2-1）。

　また，これからの時代は，生産性を高めたいという事業戦略上の考え方と同時に，働く側の意志やモチベーションの向上といったバランスも考えていかなければならない。これが「多様性人材の戦力化」の原点の発想であり，適材適所の人材配置と人材活用が，生産性を高め競争に打ち勝つための最強のマネジメントと言えるのである。

　これまでのように，労使関係や雇用管理，人事施策を考える上にお

表2-1　就業形態と雇用形態関連表

			雇　用　形　態				
			正社員	契約社員	派遣社員	パートタイマー	アルバイト
就業形態	定時勤務		○	○	○	○	○
	3時間勤務		×	△	○	○	○
	4時間勤務		×	△	○	○	○
	6時間勤務		△	△	○	○	○
	交替勤務	早番	○	○	○	○	○
		遅番	○	○	○	○	○
		夜勤	○	○	○	△	○
	常夜勤		○	○	○	△	○
	12時間勤務	早番	○	○	○	△	○
		遅番	○	○	○	△	○
	フレックスタイム制		○	○	×	×	×
	変形労働時間制		○	○	×	×	×
	裁量労働制		○	○	×	×	×

(注)　表中の○は実際に勤務形態にあるもの、△は考えられるもの、×は可能性の低いものを表した。

いては，正社員を中心に考えるのではなく，先ず非正社員も含めた全従業員の働きやすい環境を作ることが，企業の優勝劣敗の決め手になるのである。

5．非正社員の職種別就業状況

　これまで見てきたように，最早，非正社員が戦力として活躍していない業種や産業は存在しないと言える。
　職種別の就業状況（図2-6）を見ても非正社員がいない職種はな

第2章 部門別「規制」の実態

図2-6 職種別就業比率（％）

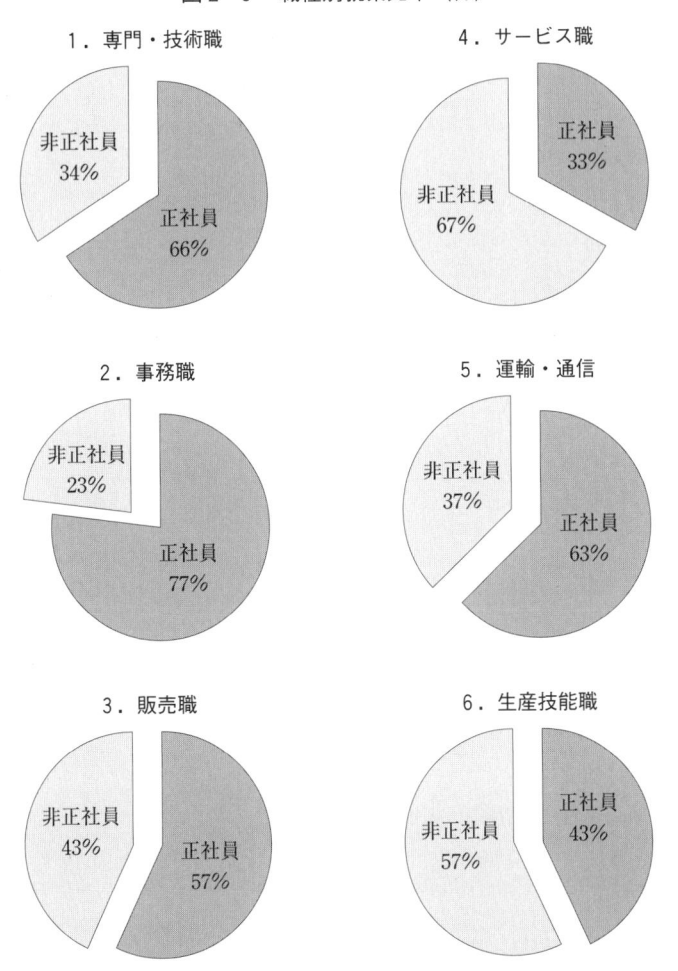

1．専門・技術職
- 非正社員 34%
- 正社員 66%

4．サービス職
- 正社員 33%
- 非正社員 67%

2．事務職
- 非正社員 23%
- 正社員 77%

5．運輸・通信
- 非正社員 37%
- 正社員 63%

3．販売職
- 非正社員 43%
- 正社員 57%

6．生産技能職
- 正社員 43%
- 非正社員 57%

出典：厚生労働省「2003年就業形態の多様化に関する総合実態調査」(2004年7月)

いばかりか，サービス業などでは正社員と非正社員の割合が逆転している現実があることも見逃せない。

6．生産現場における規制の源泉

　生産工場における規制は，多様性人材の間で起きている。

　人間は社会的動物と言われるように，決して一人では生きられない存在である。

　一方，仕事の生産効率に関しては，職場の人間関係が物理的な作業環境に優先する。このことは，1927年から1932年にかけて行なわれた，エルトン・メイヨーらによるホーソン実験によって実証されている。

　しかし，人には自我の欲求があり，これがヒエラルキー（序列意識）と結びつくと，他人よりも自分のほうが偉いという観念を持つようになるのも事実である。

　メーカーの生産現場で見かけた光景に，工場の売店に勤務するパートタイマーのベテラン女性が，作業服を着た期間従業員を見下すような口調で話している姿があった。彼女は，昼食の食券を給与天引きで買おうとする作業員に向かって，「食券を買いたいのなら身分証を見せなさい。まさか他人のじゃないでしょうね」と念を押した。彼女は，作業員の顔と「食券購入伝票」を見比べていた。

　その工場では，暗黙の内に，期間従業員よりもパートタイマーのほうが偉いというヒエラルキーが存在しているのである。

　期間従業員の雇用期間は，原則3ヶ月で，次の生産予定があれば1ヶ月前に，総務課の社員から生産ラインのサブリーダーを通して更新の連絡が来る。

　通常，生産ラインのサブリーダーの年齢は，期間従業員にとって自分の娘と同じ位の女性である。18歳で商業高校を出て缶詰工場で交替勤務をしながら一所懸命働いて7年くらい経つと，このサブリーダーというポジションに付くことができる。

　しかし，いくら努力しても女性がグループリーダーになることはで

きないことになっていた。

　また、その工場は、規則が人間性に優先する世界であった。かなり老朽化した工場には、至る所に「整理整頓」や「５Ｓの実行」という文字が目立つ。「５Ｓ」とは、「整理，整頓，清潔，清掃，躾」の頭文字を取ったものであり、日本企業の工場でよく見かけるスローガンである。

　工場における序列は、管理職として、工場長，総務部次長，総務課長，生産１課長，生産２課長，生産３課長，生産管理課長，生産技術課長，施設課長，動力課長，保全課長と続き、非管理職の中には、監督職として、総務係長を筆頭に各課の係長が続く。係長の次は総務課主任が続き、以下各課の主任が続く。

　更にその工場には「副主任」という役職があり、総務課の副主任を筆頭にして、やはり各課の副主任が続いた。副主任の下には一般社員が続く。

　生産現場のグループリーダーは、工場内のラインごとにチーム編成されており、それぞれのチームが１つの単位になって交替勤務を行なっている。

　１チーム20人位の部下をまとめるのがサブリーダーであり、グループリーダーは３チームを統括する役割を持っている。グループリーダーはスタッフ部門の係長クラスだが、サブリーダーはスタッフ部門の一般社員と同等に扱われていた。

　問題は、一般社員の中にも職制以外の序列が出来上がっていることである。

　すなわち、一般社員の中では、総務課の社員がダントツに地位が高いのである。総務課の女子社員が給与締め切り日の翌日、現場にタイムカードの回収に出向くと、現場の女子社員やサブリーダー、嘱託、期間従業員は必ずといっていいほど会釈をする。回収業務を行なう女

子社員は，それを当然のことのように思っている。彼女達は日頃から自分達のほうが彼らよりも上だと思っているのである。彼女達は期間従業員を「季節工」と呼び，アゴで指図するようなところがある。

　この食品工場の中には期間従業員を見下す意識があった。その理由の1つは雇用の安定の違いにあると思われる。

　先般説明したように，期間従業員の雇用期間は原則3ヶ月間なので，3ヶ月ごとに契約更新の手続きが行なわれる。

　1ヶ月前に決定される更新または終了の通知は，総務課の男子社員によって行なわれる。この時の通知方法は，先ず，総務課員が工場の生産現場に出向いて行き，契約更新対象者が所属するラインのグループリーダーに用件を伝える。次に，グループリーダーが対象者のところに行き，「少しの間，ラインから離れて総務課員の話を聞くように」という指示が出される。

　対象の期間従業員は，総務課員の契約更新の打診に対して承諾すると，嬉しそうな顔をして総務課員に頭を下げ，元の持ち場に戻っていく。担当ラインの持ち場に帰った期間従業員は，自分の代役をしてくれたグループリーダーに対して，手短に更新のお礼を言うと，また作業を継続するといった流れである。

　契約更新の1週間前は，総務課の女子社員が超多忙になる期間である。

　だいたい期間従業員は業務の繁忙期前にまとめて採用されるので，契約の更新の時期が重なる。その時期が給与や賞与の勤怠の締日と重なっていたりすると，なおさら，彼女たちはヒステリックになるため，事務所棟に契約の更新に来た期間従業員に対する口の利き方はぞんざいになる。

　4，5人でまとまって来た期間従業員に対して，

「あんた達，ムダ口を利いてないで，きちんと並びなさい」と言い，

第2章 部門別「規制」の実態

一人ひとりに対して，

「契約書出して！」

「ハンコ持って来なけりゃだめでしょ」と注意するのである。

　もっとも，契約に使う印鑑は本人が文具屋で買った三文判を総務課の契約担当の女子社員が預かっている場合が多い。

　ただし，初回の契約更新時は，本人が買って来た三文判を契約担当者まで持参することがルールになっているのである。

　契約書は裏面に更新記録が連記できるようになっており，1通を総務課で保管し，もう1通を期間従業員本人が保管することになっている。

　この繰り返しが期間従業員の契約更新手続きであるが，本来は会社と本人の労働契約なので，対等な立場での契約更新である。

　L社の生産工場における総務課のスタッフの，現場従業員に対するこうしたやり取りを眺めると，まさに職権濫用を目の当たりにしているといった感がある。

　一般社員の序列も職制組織上の順番と同じであるから，下位の組織に属する社員は上司同様に元気がない。職場に活気がなく，工場ではジョブローテーションもあまり行なわれないので，現業社員は全員，何か劣等感を持っているように感じられる。

　更に，問題は根深いものがある。一般社員は社外から見ると，普通の従業員だが，この食品工場では「偉い人」なのである。

　つまり，管理部門の社員の下には生産部門の現業社員，その下に嘱託，パートタイマー，期間従業員，アルバイトという階層ができているのである。

　総務課の一般社員は工場ではある意味，エリート的存在で，彼らや彼女らの下には生産現場の社員や期間従業員の他，守衛や送迎バスの運転手，清掃係，食堂の給仕係，寮の管理人といった人たちがいる。

人員的には，工場長を含めた管理職や係長以下の役職者が30人あまりで，一般社員の人数は100人程度だが，嘱託が10人，パートタイマーが60人，それ以外の期間従業員が繁忙期には約800人，通常時でも600人前後はいる。

　まさにそこには，正社員の工場長を頂点にし，期間従業員を底辺に据えた壮大なピラミッドが形成されているのである。

　正社員が非正社員に対して持つある種の感情は，このようなヒエラルキー（ピラミッド型の身分制度）を前提にした，人の深層心理に形成され，その意識が日常の行動を通して表面化する。

　この工場のように，外部から見えないところに規制が存在し，規制による「統制」が行なわれている現実は珍しいことではない。

　人は，雇用形態や職種に対して差別意識を持つようになると，その差別意識が待遇格差を正当化することにつながるのである。

7．労働ルール改革論議

　政府の推進する労働分野における規制改革は，労働政策審議会（厚生労働大臣の諮問機関）労働条件分科会において働き方の多様化に対応した新しい雇用ルールが検討されている。審議会のアジェンダ（議題）は，次の4点に集約される。

(1) 長時間労働の是正策
(2) ホワイトカラー社員が，働く時間を自由に設定できる制度の創設
(3) パートタイマーや契約社員等非正社員の待遇改善
(4) 労使紛争を未然に防ぐ「労働契約法」の制定

　これらの検討事項に対する厚労省の素案に労使双方の委員が反発し，収集がつかないまま一時審議会が中断する等あったが，継続的に審議を続けている。

雇用ルール改革は，1990年代以降の正社員の仕事量の拡大とそれに伴うワーク・ライフ・バランス（仕事と家庭生活の調和）が崩れ，社会問題になるなど，日本の社会経済環境が大きく変化してきたことがその背景にあった。

8．非正社員の待遇改善

企業経営者は，バブル崩壊後の企業間競争を勝ち抜くため，削減した正社員に代わって非正社員を採用するようになった。

非正社員採用の目的は総額人件費の抑制を図ると同時に，固定費を変動費化するという意味である。

しかし，雇用の多様化がすべて企業の論理で行なわれて来たということではなく，ワーク・ライフ・バランスを考えて，働く時間や日にちが選択できるという理由で非正社員の道を選択したという人もいることを忘れてはいけない。

一方，厚労省は，非正社員の均衡待遇対策として，非正社員の正社員化を図るため，パートタイマーはパート労働法の改正で規定し，派遣社員や契約社員は雇用期間が通算1年を超えた場合，本人が希望すれば正社員に応募できると規定する労働契約法の素案を作成した。

もっとも，この素案は経済界の猛反発で2006年11月に廃案になったが，有期雇用者（非正社員）の正社員化の道が，正社員との均衡待遇を約束するとは思えない。賃金格差の是正や社会保険への全員加入も重要課題には違いないが，それよりもっと早急に取り組むべき課題がある。それは何度も繰り返すが，正社員の意識改革である。いくら労働法制を整備して非正社員の雇用条件を改善したとしても，同じ職場で働く仲間の意識が変わらなければ非正社員にとって決していい労働環境になったとは実感できないのである。

ホーソン実験の結果が物語るように，人間は合理的側面より心理的

要因に影響される度合いが強いのである。

　つまり，労働生産性の向上を図るためには作業条件よりも同僚や上司との人間関係が重要ということである。

　話が少しそれるが，私が大学を卒業して初めて勤務した会社の人事部では，「雇用区分」のことを「身分」と称していた。

　たぶん，「身分」という用語は当時の大手企業はもちろん，どの業種の企業でも一般的に使われていたコトバだったと思う。私の知る限り，1980年代後半までは普通名詞として何の躊躇なく使用されていたのではないだろうか。

　ところで，1986年私は，それまで在籍していた日本企業から外資系総合医療メーカーに転職したが，その時の面接官だった人事部長や人事部の採用担当課長とのやり取りが面白かった。

　その頃はまだコンピュータといえば大型汎用機のことを指していた時代である。大型コンピュータ全盛時代だったから無理もない話であるが，採用面接で先ず，職務経歴について訊かれ，一通り話をした後，先方からは募集職種（人事課長）の仕事内容を丁寧に説明してくれた。面接の終了間際になって，質問をやり取りした。

　「何か質問がありますか？」と訊かれた私は，

　「御社にはEメールはありますか？」という質問をしたのを覚えている。すると驚いたことに，人事部長は

　「何ですか？　そのイーメールというのは」と訊き返されたのである。私が，

　「エレクトリック・メール，つまり，電子メールのことです」と答えると，

　「ああ，当社にはそんなものよりテレックスがありますから，（アメリカ）本社との交信にはそれを使って下さい」という返事が返ってきたのである。

第2章 部門別「規制」の実態

　当時，Ｅメールを日常業務に使っている会社はまだ少数派だった。確か，1980年代の末期になって，ようやく新聞に三井物産が電子メールを導入したという記事が載ったのを覚えている。

　したがって，当時，Ｅメールが入っていなかったのは当然のことであるが，その会社が外資系企業だったので当たり前のように訊いた質問であった。

　とにかくそんな時代だったので，人事部でも従業員の個人データの管理等はすべて紙ベースで行なっていた。人事部では「人事記録カード」（図2-7）と呼ばれるＢ５判位の厚手の用紙を使って，全従業員の入社から退職までの一切の個人データを記録していた。人事部には，人事記録カードを記入する専任の担当者がいたが，記入はすべて万年筆で丁寧に書くことになっていたため，字のうまい社員でなければその担当にはなれなかった。

　私が「人事記録カード」の記入を担当したのは，人事部に異動になって2年位経ってからである。

　「人事記録カード」には予め図2-7に挙げた項目が，記入欄の見出しとして印字されていた。

　この中にある「身分」という項目は，いつ頃変更されたかは定かで

図2-7　人事記録カード

（表面）	従業員番号，氏名，性別，生年月日，入社年月日，所属，「身分」，役職，最終学歴，社内異動歴，人事考課歴，住所，最寄り駅から自宅までの地図，家族情報，賞罰記録，特記事項
（裏面）	給与情報：基本給，昇給額，役職手当，家族手当，住宅手当，その他手当，通勤手当，賞与（夏），賞与（冬）

はないが，途中から「雇用区分」という表記になった。

「身分」欄には，役員，社員，嘱託（定年前嘱託，定年後嘱託，技能嘱託），顧問，傭員，パートタイマーのいずれかを書くことになっていた。

当時はもちろん，「身分」という概念にこだわる人はいなかったと思うが，それは自分が「社員」だったから気にならなかったのかもしれない。

「身分」というコトバには日本の古い封建主義的なニュアンスを含んでいる。人材が多様化したおかげで，どんな職場にも社員の他に派遣社員や契約社員の同僚がいる時代である。

コトバの問題は，使う方が気がつかなくても当事者にとっては，「差別」を意味することもある。

特に職場の管理職は，多様化した部下の管理に気をつけなければならない。業務管理と同時に労務管理の技術もしっかり身に付けなければ，優秀な管理者とは言えない。そのためには定期的に管理職研修を実施することである。

9．格差社会を助長する「非正社員」という呼称

先程も触れたが，「非正社員」という用語は，1980年代後半に使われ出したコトバである。1980年代になって初めて人事記録をデータベースとして管理するソフトが出現したように，それまでは「社員」の他には，「嘱託」「傭員」「顧問」「パートタイマー」といった雇用区分しか存在しなかった。

したがって，広辞苑を初めとして，どこの国語辞典にも「非正社員」はもとより「正社員」という単語さえ載っていないのである。おそらく1980年代末に，それまで少数労働者であった派遣社員やパートタイマー等が企業に採用され始めたため，従来から雇用期間の定めの

ない雇用，つまり終身雇用の社員と区別する意味で，社員を「正社員」と称し，「有期雇用者」を「非正社員」と呼んで両者を区別するようになったと考えられる。

総務省統計局の「労働力調査」や厚労省の統計資料等では，「正規雇用者」または「正規社員」と「非正規雇用者」または「非正規社員」という表現で両者を区別している。

私は「非正社員」や「非正規社員」と呼ぶことが，既に雇用差別の始まりであると考える。雇用期間や勤務時間が違うことを特別視することにどんな意味があるのだろうか。

もっとも，この呼び方をしているのは政府や行政機関ばかりでなく，連合や共産党の広報誌でも使われている。

他方，雇用形態，就業形態の違いによって待遇差別を行なうことは，労働の価値を就業時間や就業期間の長短で判断する考え方であり，およそ労働生産性と正反対の思想である。厚労省が労使の調整を図りながら進めている労働時間規制の適用除外制度，いわゆる日本版ホワイトカラー・エグゼンプションは，仕事の価値が時間軸から成果軸に移行した時代にマッチした制度である。

経験から言えることは，終身雇用が保障されている社員より有期契約者で，しかも雇用期間の短い社員の方が，会社から絶えず仕事を評価されているという緊張感も手伝って，実に効率よく仕事を進めているということである。

給与の支払形態では，月給制社員より日給制や時給制社員の方が時間を有効に使っているように見える。月給制社員は雇用が安定しているし，クビになる心配がないという気の緩みから，入社して間もない頃はともかく，少し仕事に慣れてくると，遅刻，早退，勤務時間中の私用電話や私用メールなどは，「当たり前」的な感覚を持つようになる。

仕事に対する取組み姿勢に緊張感や真剣さが欠けてくるからである。雇用の安定が生活の安定に直結するという構図である。

このように，雇用保障は緊張感のないぬるま湯的な業務遂行をもたらすことになるため，企業業績の低調期においては成果主義の導入が図られる。

だからといって，雇用保障を否定するということではない。雇用形態が違うだけで仕事の内容や就業形態は同じ「正社員的パートタイマー」はもちろんのこと，たとえ就業形態は違っていても，仕事の進め方や業務効率の点で上司から優秀であると評価されるような人材であれば，雇用形態に関係なく，会社は業績に見合った処遇を行なうことが効果的な人材活用と組織活性化を約束することになる。

企業経営者が仕事の生産性や効率化を追求する場合，雇用形態や就業形態を軸に従業員を評価するような柔軟性に欠ける考えは持つべきではないのである。

雇用形態や就業形態の違いで人材差別を行なう社風ができてしまった企業には，自由な発想や創造的なビジネスモデルは期待できない。市場原理として衰退の道を辿るだけである。

人材不足感が強まる中で，企業の優劣を決定する政策課題は，会社成長の原動力になる多様性人材を如何に効果的，効率的に使っていくことができるかという人材ポートフォリオマネジメントの確立である。

効率的な人材活用と適材適所の人員配置に欠かせない非正社員の役割を考えない経営者は，これからの社会に生き残れない。

企業は，「非正社員」に対して，モチベーションアップにつながるような働く環境の整備や就業形態，雇用形態とは関係のない雇用保障を行なう仕組みを作ることが喫緊の課題となる。

公正な雇用ルールは，雇用形態ではなく仕事の成果や成果を上げるためのプロセスを評価する仕組みを作ることから始まる。

その意味でも，モラールを下げる「非正社員」という格差意識を助長する用語は，一刻も早く死語にすべきである。

第3章

実例で検証する「規制」の実態

3.1 「勤怠管理」を利用したライバル潰し

　千代田区に本社を置く中堅アウトプレースメント会社のD社では，部門間の対立が表面化し，社内にはいつも暗い雰囲気が漂っていた。

　既にその対立が業務にも影響し始めた状況下の「事件」だった。

　コンサルティングの内容とクオリティー重視を持論とするキャリアカウンセリング部のS部長は，法人営業部のM部長の強引な方法でクライアントを獲得する営業戦術に対して，日頃から批判的であった。

　M部長は，外資系証券会社出身の営業センス抜群の優秀な男であったが，営業マンにありがちな仕事のムラが，時々クライアントからのクレームになっていた。

　M部長のその癖は，日ごとに度を越してきたように見えることもあったが，営業トークが達者なのと実際に結果を出していたことから，直属上司の社長からは特別咎めだてされるようなことがなかったのが，ライバルのS部長には許せないことに映っていたらしい。

　日中，部下の営業社員が緊急の用件でM部長に電話連絡を取った時に，声の向こうで，小さな犬の鳴き声がしたという話はよく酒の席の話題に上った。M部長がパピヨンを愛犬にしていることは有名だったからである。

　また，M部長はあまり身体が丈夫なほうではなかったため，体調の

悪い時は出先から自宅に直帰することが多く，クライアント訪問の予定が入っていない日などは，会社の再就職支援対象者のために用意してある，いわゆる「クライアントブース」で仮眠している姿もしばしば社員から目撃されていた。

　宿敵の体調不良による勤怠不良という弱点を利用しようと考えたS部長は，頃合を見て派遣社員のアシスタントにM部長の勤怠チェックを命じた。

　その日から1ヶ月間，忠実なアシスタントは，M部長の行動についてこまめにチェックし，S部長には毎日，帰り際に出退勤の状況を報告した。また，そのアシスタントは，M部長の勤怠で不明瞭なところは，勤怠の締日にM部長にまとめて質問を浴びせかけた。

　例えば，「3月17日の午後3時からの外出はどちらに行き来ましたか？」とか「4月10日は休暇を取得したことになっていますが，M部長には有給休暇はもう残っていませんので，欠勤になります」といった具合に，その月のほぼ全稼動日について，入念に質問を投げかけたのである。

　当のM部長は，大雑把な性格なので「そんなことは適当に処理しておいてくれ」といって取り合わなかったが，それが結局，敗因につながった。

　敵対心旺盛なS部長は，アシスタントからの報告を聞いて，勤務時間や勤務日における不明瞭なところは，すべて「時間欠勤」か「欠勤」扱いにしてタイムシートに記入するよう指導したのである。「時間欠勤」や「欠勤」にするということは，月間給与総額からその時間欠勤相当分の給与を差し引くことを意味する。

　このようにして，個人の生活に関わる重要な問題をいとも簡単に判断し，処理してしまったのである。

　しかも，派遣社員のアシスタントを味方にして勤怠チェックを行

第3章　実例で検証する「規制」の実態

なったところが，派遣社員の心理を巧みに利用した巧妙な手口といえる。

派遣社員にとっては，遅刻や早退はもちろん，電車遅延であっても，時間欠勤として給与から天引きされるという契約である。それに比べ，それらが許されているように見える社員に対して，彼女らは日頃から好印象を抱いていなかったことをＳ部長は見抜いていた。

だからこそ，Ｓ部長は，差別的取り扱いを受けているという意識を持つ派遣社員のアシスタントにＭ部長の勤怠を管理させることを思いついたのである。

４月分の給与支給日になって，給与明細表の封を開けたＭ部長は悲鳴を上げた。

「えーっ，一体どうなっているんだ，今月の給与は？　何でこんなに少ないんだ！」と叫んだのである。

当月の給与に反映される勤怠は，前月の16日から当月の15日までの間の勤務状況である。Ｍ部長が給与明細の「勤務状況」欄を見ると，その原因がわかった。当月の稼動日数21日の内，平日出勤が16日なのに対して，遅刻，早退がそれぞれ６回，欠勤日数欄には５日と記されていた。

手取り額が通常月の60％程度しかなかったのも当然であった。Ｍ部長は法人営業部のアシスタントを呼びつけて事情を聞くと，キャリアカウンセリング部のＳ部長の指示を受けて，今月のタイムシートから毎月の勤怠を正確に記録したものを人事部に提出したという。

その報告を受けて，頭に血が上ったＭ部長は，Ｓ部長と口論になったが，勝負の行方は見えていた。「事実」を積み上げて作成した勤務状況報告書（タームシート）を前にして，Ｍ部長は一言も反論できなかったのである。

事態を客観的に見ていた大多数の従業員は，却ってそうした争いを

見てヤル気を失っていった。

　私も大学を卒業して最初に入社した会社で，同じような体験をしたことがある。人事部の勤怠管理担当の女性社員から同様の対応をされたことを思い出す。

　30年以上前のことになるが，新卒で営業部門に配属された年，最初の給与の締日に人事部の女性社員から詰問を受けた。確か，出勤簿に印鑑が押してない日が1日あるが，この日は休みを取ったのか，遅刻をしたのかという質問だった。

　当時は本社部門の社員は，まだ「出勤簿」を使っていた。毎朝，始業時刻前の8時から9時までの1時間だけ，1階の受付カウンターに黒表紙の付いたＡ3サイズの出勤簿が部門順に整然と並べられていた。出勤した従業員は1人ずつ所属部門の出勤簿の前に立って，ひと月ごとにカレンダーの日にちが印字された数字のマス目に自分の印鑑を押していくのである。

　その会社の始業時刻は午前9時なので，9時までは出勤簿がカウンターに置かれているが，9時1分ちょうどに人事部の女性が来て全ての出勤簿をさっさと回収してしまう。

　遅刻をした従業員は，「出勤した」証拠に押すことになっている印鑑を押す用紙がなくなってしまうのである。

　原則として，「押し忘れ」は許されず，押さなかった従業員は，その日の内に3階の人事部まで行って，遅刻の理由を自主申告するか，交通機関の遅れなどでやむを得ず遅刻をした場合は，電車やバスの「遅延証明書」を持参しなければならない規則になっていた。

　新卒だった私は，当日，うっかりして人事部に申告するのを忘れていたため，給与の締日になって人事部から勤怠管理担当の女性が事情を聞きに来たのである。印鑑を押せなかった日は，朝寝坊をしたため，普段乗る電車に乗り損なったのである。

第3章　実例で検証する「規制」の実態

　入社して間もない遅刻だけに本人もひどく落ち込んで，その日は一日中気分が乗らなかったことを覚えている。

　しばらくして，遅刻のことはすっかり忘れていたある日，人事部給与係の女性が来て他の社員の前で，「この日は遅刻だったんですか？　出勤した時間は何時だったんですか？」といわれてムッとした。「この人の目的は何だろう？　ただ，給与計算のために1人分の勤怠データが締まらないという理由だけで，借金の取り立てのような強い口調で従業員を脅している。こんなことをやっているだけで仕事をした気になっている。確かに遅刻はいけないことに違いない。しかし，普段から真面目に仕事に励んでいる人がヤル気をなくすような言い方をしなくてもよさそうなものだ。人事部とはこういう心のない人がいる部門なのだ。こんな人のいる人事部という部門には絶対行きたくない」と心の中で思ったものである。

　ところが，運命のいたずらなのか，皮肉にも2年後の人事異動で，私は，絶対に行きたくないと決心した人事部に配属されることになってしまった。

　当時人事部は，「泣く子も黙る恐ろしいところ」と噂が立つような厳格な部門であった。冗談みたいな話だが，その当時，人事部には「鉄の扉」が付いており，重い扉を開けて中に入ると，机に向かって仕事をしていた人事部門の人たちの視線が一斉にこちらに集まるため，その瞬間，裁判所の被告のような気分になり，ひどく緊張した記憶がある。

　話がそれてしまったが，問題なのは勤怠管理の意味である。何のために遅刻や欠勤を取り締まっていたのか，という素朴な疑問である。要は，仕事に対する取組み姿勢を勤怠で測ろうということではないのか。

　当時から疑問に思っていたことだが，生産工場と違い，本社のデス

クワークや営業担当の社員に勤怠管理は必要なことだろうか。

公平という観点から職務内容の違う従業員を一律に管理することは、仕事の効率を追求することにならない。

確かに、遅刻常習犯に対しては厳重に注意する必要がある。

なぜなら、遅刻常習犯を放置するような環境では、毎日早く起きて会社に出勤し、始業前に仕事の段取りを済ませている従業員のモチベーションを下げることになってしまうからである。

話を元に戻して考えると、人事担当者の心無い一言が、どんなに従業員のモラールを低下させることになっているか、ということについて深く考える必要があるのではないだろうか。

ここでは2つの事例を上げたが、「勤怠管理」という会社の管理行為も使い方を誤ると、行使する人の特権になり、被害者にとっては、会社における「規制」になるということを十分考えなければならない。

3.2 改革に逆行するT大H女史の発言

2005年10月某日、大手通信系シンクタンクM社のシニアコンサルタントY氏から電話をいただいた。

話の主旨は、厚労省から委託を受けた「サービス分野人材育成研究会」の審議会委員になっていただきたいという依頼であった。

当時、私は大手総合人材サービス会社のHRコンサルティング事業部長の職にあったため、渋谷支社の営業社員が担当クライアントであるM社の依頼を受けて、私を紹介したのである。

しかも、Y氏からはすぐに返事がほしいと催促されてしまった。事前に営業社員から「M社は当社の重要な取引先なので是非引き受けてほしい」という懇願がなかったら、お断りしようと思ったが、この営業社員のメンツもあるので、仕方なく承知した。

第3章 実例で検証する「規制」の実態

　年度末を控えた超多忙な時期だったため,簡単に引き受けてしまったものの後悔の気持があったのも事実である。

　初会合は,2005年11月15日13時30分から霞ヶ関ビル14階にあるM社の会議室で行なわれた。研究会のメンバーは,次のとおりである。

（座長）H大学キャリアデザイン学部のK教授
（委員）K大学大学院経済学科研究科のM教授
（委員）T大学社会科学研究所助教授のH女史
（委員）C研究所のMアナリスト
（委員）総合人材サービス会社事業部長永島清敬

という5人の委員の他にオブザーバーとして,厚生労働省職業能力開発局基盤整備室から室長,室長補佐を初め2人の研修生が参加した。M社からも職務調査に携わったと思われる4〜5人のコンサルタントが事務局として会議室の片隅に待機していた。

　会議は定刻に始まったが,この手の会議に出席した経験の少ない私が驚いたのは,座長の堅苦しい最初の口上であった。この口上を聞いて,これから始まる会合の重苦しさを感じ取ったのである。座長は,「それでは,先ず本研究会事務局であるM社Yさんに本日の議事と配布資料の確認を行なっていただきます」と説明を求めた。それからは,専らY氏が研究会発足の背景と目的,運営について実に淡々とした調子で語り続けた。研究会設置の目的に関しては,次のような説明が行なわれた。

　小泉総理（当時）は6年前の2001年5月,小泉政権が誕生してから間もなく,政策決定を従来のような官僚主導型から官邸主導に切り替えるための機関として,経済財政諮問会議をフル活用する方式を採ることを自ら宣言した。

　この諮問会議の中で,小泉総理は,長期不況下の日本経済を再生するために構造改革を実行することによって530万人の雇用創出が期待

できるという主張を行なった。この時の報告の根拠は、先進国の雇用構造にあった。

当時、サービス産業におけるウエイトを比較すると、アメリカが71％、イギリスが67％、フランスが64％であるのに対して、日本のそれは60％にとどまっていたため、今後日本においてサービス産業が発展する余地は大きいと考えたのである。

つまり、企業は、ユーザーにIT活用によるサービスの提供を行なうことによって、サービスの質と効率性を向上させることができ、このことがユーザーのニーズに対するソリューションとなり、ますますサービス産業が成長を遂げることになる。こうしたサービス産業の成長が雇用の創出をもたらすというものであった。

今回、私が委員に任命された「サービス分野人材育成研究会」も、2001年5月に出された経済財政諮問会議の中でコミットした、「今後5年間にサービス分野において530万人の雇用創出が期待される」という宣言に基づいて計画されたサービス分野の調査が元になっている。

当時、サービス分野における雇用創出を実現するために考えられた論理は以下のようなものである。

先ず第1に、「サービス産業の各業種において雇用の需要に合った人材育成戦略の策定が必要である」。

次に、「業種ごとに求められる人材像を職業能力の観点から分析することが必要である。分析とは、職務遂行能力や人材の過不足状況を整理した人材マップを作成することである」。

第3に、「キャリアルートや人材育成方法を整理した人材育成計画を作成する。これらを通じて雇用の需要に適合した人材育成を推進する」という漠然としたものであった。

この経済財政諮問会議を受けて、厚生労働省が雇用創出が期待できるとするサービス分野における全業種について調査・分析するために

第3章 実例で検証する「規制」の実態

図3-1 サービス業の「人材マップ及び人材育成計画」

民間の調査機関に業務委託を行なったのである。

　尚，こうした調査は2002年から民間委託される形で実施されており，私が引き受けた2005年11月からは別のシンクタンクM社が更に10業種の調査と「人材マップ及び人材育成計画」（図3-1）を作成するという業務を受注し，その結果を研究会で審議するというものであった。

　ちなみに，2004年度までに30業種の人材マップと人材育成計画は，完了していた。漏れ聞いた話では厚労省からM社には業務委託料として約6,000万円の大金が支払われたということである。

　こうした漠然とした目的で，ただ官僚の勉強不足や努力不足を補うために予算が使われているのを見聞きすると，行政のコスト意識のなさに，ただ呆れるばかりである。

　このような毒にも薬にもならない類の会議が世間には数多くあるが，日本の官僚機構がもたらした弊害の1つとして取り上げられるのが，

諮問機関が行なう会議である。

名称の如何を問わず、いわゆる有識者会議の中身は、おそらくこの会議と大差ないことは想像に難くない。

結論から述べると、今流行の有識者会議は、考える能力のない人間が集合して意見とも質問とも付かないような「疑問」を投げかけ、それを参加者全員で「なるほど！」と感心するといった中身のないものである。

それは、あくまでも「疑問」であって、「問題提起」でないところに会議の無意味さが現れている。その「疑問」が質問者自身の勉強不足に由来するものであることは明らかであるが、何故かそのような感想を持つこと自体禁止されている不思議な世界である。

次に私が実際に出席した人材育成研究会における会議の内容について、事例を挙げて説明する。

これも出席してわかったことだが、研究会は、1回2～3時間のだらだらした調子の、実につまらない「報告会」であった。

前に書いたとおり、事務局が調査してまとめた業種ごとの報告書をY氏が丹念に読み進め、一通り読み終えたところで、座長のK氏が「今事務局のY氏からご報告いただいた○○業について委員の方からご意見ご質問をいただきたいと思います。いかがでしょうか？」といった調子で淡々と延々と進めていくのである。

審議する対象のサービス業も数多くあり、1回の会合で処理する業種を5～10種類と決めていた。各報告書は1業種が40～80ページ位の分厚い資料になっていたため、通読するだけでも相当な時間がかかった。

2回目の研究会からは事前に資料を送付してもらい、各委員が前以て報告書の内容を検証してくることになったが、それにしても手間のかかる仕事であった。

第3章 実例で検証する「規制」の実態

　研究会は結局，月1回のペースで行なわれ，11月の第1回から始まり第4回が終了したのが，2006年3月8日であった。

　第1回の会合で，私は座長のK教授に対して2つの質問をした。いくら退屈な会議だからといっても，仮にも委員を引き受けた以上，黙って時間が過ぎていくのを待っていればいいという心境にはなれない。

　しかも，会合に出席するだけで「謝金」と称して，1時間1万円の計算で1回3〜4万円くらいの謝礼が振り込まれてきたので，黙って報告書の内容を聞いているだけでいいという訳にはいかないのである。

　会合は4回で終了したが，審議が済んでいない業種や，以前に同じ案件を受注した他社が作成した業種で，見直しを行なう必要のある業種の「人材マップ及び人材育成計画」については宿題となった。

　その分の「謝金」は，「業務委託費」として8時間/日×3日分という計算で，合計24万円も振り込まれた。

　もちろん，私は民間の法人企業に勤務している被傭者なので，会社の口座に入金してもらったが，大学の先生たちは，「アルバイト代」として本人名義の銀行口座に入金してもらっていたらしい。

　ところで，私が行なった質問というのは，次のとおりである。

1. 完成した「人材マップ及び人材育成計画」は入職者や業界関係者に周知するなど活用方法はいろいろ考えられるが，この研究会ではどのようなことを考えているのか？
2. サービス分野における各業種の職務調査は，どんな方法を採ったのか？

　調査方法には現職者に対して行なうヒアリングやアンケートなどの方法がある。

　一方，職務分析には職務評価要素が必要だが，業種の特徴を出すために業種によって，その評価要素を変えたのか？　という2つの質問

である。

1つ目の質問の主旨は，私が以前から待ち望んでいることだが，職業に関する統一的な国家資格の創設を意識した質問であった。

日本企業の人材採用においては，個別企業独自の人物評価基準によって合否の判定が行なわれているのが現状である。

もし，国家レベルで統一的な職業資格のようなものができれば，人材の能力基準がわかって，採用する側にとっても，応募する側にとっても合理的ではないかと思う。

通常，日本企業が行なう採用は，募集職種の求人広告をネットや求人誌に掲載し，応募した求職者に対して個別企業がそれぞれ採用面接を行ない，独自の基準で入社者を決定するという流れである。

これに対して，イギリスは約800種類の国家資格を設定し，求職者が希望の資格を取得しさえすれば原則，募集企業に入ることができるという，統一した制度がある。これが1986年にイギリスが構築したNVQ（National Vocational Qualification）という統一的な職業資格制度である。

しかも，この800種類の資格で全職種の90％以上をカバーしているというから驚く。イギリス政府の奨励もあり，2000年には労働力人口の1割に当る310万人がこのNVQを取得したという。

現在，日本の企業は，人事部の採用担当者が応募書類を社内の募集部門に回し，その中から面接担当者が会いたいと思う人材だけ選別して面接を行ない，採用するという方法を長く採ってきた。

ところが，「2.2 人事部における規制」で述べたように，採用担当者の生涯打率は3割くらいである。その他の7割は外れているというのが実態である。

応募者の職務経歴を判断し，必要な能力を判断して採用するという個別企業の採用担当者の不確かな選球眼に頼っていては，いつまで

第3章　実例で検証する「規制」の実態

経っても「雇用のミスマッチ」を解消することはできない。

こうした日本企業の現状について，政府はもっと積極的に国家的な取組みを行なうべきである。

その第一歩が，イギリスのようなNVQを作成し，国家資格として認定することである。現在，英語力を判定するツールとして一般的になっている「TOEIC」や「英検」などの資格と同じように，「日本版NVQ」は，求職者の能力を判断するための有力な材料になる。こうした国家に認定された資格を目安に採用を決定すれば，雇用のミスマッチも解消できるのではないかと思う。

日本にも早くイギリスのような制度を作り，日本にある約430万社の全企業がこの「日本版NVQ」を使って採用活動を行なえば，転職市場がより活性化することは間違いないことである。

更に，この「日本版NVQ」は，社員の研修教材として社員教育にも応用することによって，人事異動がスムーズに行なわれることにもなる。

以前から私は，この統一的職業資格制度が社会横断的な人材評価制度として，公表できるようになる日がくることを願っているのであるが，なかなか実現するような話は聞こえてこない。

1つ目の質問は，こうした考えから行なった質問であったが，座長の返事は曖昧で，結局，次回まで持ち越されてしまった。

尚，残念ながら12月13日に行なわれた第2回会合で返ってきた答は，「人材マップ及び人材育成計画調査報告書の使い方については，厚生労働省で検討する」という無味乾燥な内容であった。

2つ目の質問は，職務調査と職務分析の方法についてである。事務局に委ねられた回答は，次のような，やはり漠とした返答であった。

職務の調査方法は，ヒアリングとアンケートによる方法も併用したということであったが，職務分析についてはレディーメイドの分類方

法しか採っていなかった。

結局，私の質問に対しては，M社の事務局のコンサルタントはもちろん，その会合に出席した全員が質問の意味がわからないようであった。その会合には，私以外の専門家がいなかったということである。

座長のK教授と事務局を代表して，Y氏からは「今後調査を行なう際の検討課題と致します」という官僚的な返事が返って来た。

尚，私が行なった質問の意味は，次のとおりである。

「職務分析には，職務調査の結果に基づいて，仕事を遂行する人の能力を基準に分類する方法と，仕事そのものの企業内における相対的価値を基準に分類する方法がある。前者の分析は，職務遂行能力に必要な要素を基準とした職務調査を実施することによって明確になる。職務調査によって完成した能力要件書が『職能資格分類基準表』や『職能要件書』などといわれる，能力の明細表である。

後者の分析は，仕事の難易度や重要度，優先度，責任・権限の大きさ，組織に対する貢献度などの職務評価要素で仕事のレベルを序列付けすることによって分類する方法である。この場合には職務調査の結果として，『職務等級基準表』といわれる仕事の価格表ができる。

しかし，いずれの方法においても，職務調査および職務分析を行なう場合に基軸となる評価要素（等級格付け要素）は，どんな要素になったか」ということについて尋ねたのである。

参考までに世間で使われることの多い職務評価要素を以下に列挙する。

これらの要素から業種ごとの特徴に合った要素を職務分析の基軸として選別し，職務遂行の必要要件とすることが，「能力明細表」や「職務等級基準表」を作る上で重要になってくるのである。

第3章 実例で検証する「規制」の実態

＜汎用的な職務評価要素＞
　(1) 知識，技能，資格，経験
　(2) 職務遂行能力
　(3) 判断力
　(4) 対外折衝力
　(5) 部門間折衝力
　(6) マナー
　(7) 人材育成・部下指導
　(8) 責任・権限
　(9) 企画力
　(10) 情報収集
　(11) 経営センス
　(12) コスト意識
　(13) 問題解決力

第1回会合では，もうひと波乱あった。

M社のコンサルタントが調査したサービス業の5業種について，例によってY氏が淡々と本を朗読するような調子で報告書を読み終えてから座長が，「何か質問がある方はいらっしゃいますか？」と言って委員を見回した。

その時，間髪を入れずT大のH女史が手を挙げて次の質問を行なった。

「これは基本的なことですが，今まで検証してきた倉庫業，警備業，ビルメンテナンス業，不動産管理業などの『人材マップ及び人材育成計画書』の『人材の採用要件』には，学歴や年齢，性別などの条件が抜けていますが，これらは募集の時に必要な要件ではないでしょうか？」という質問であった。

この質問を聞いた時，私は思わず耳を疑った。一瞬，H女史が何を言っているのか理解できなかったので，改めて，H女史の質問を口の中で繰り返してみた。そうしてから，他の委員や厚労省のオブザーバーを見回すと，その場の誰一人としてH女史の意見に異論を唱える人のいないことに気がついた。

　私は，とっさに「ここで反論しなければ，このままH女史の意見が通ってしまうに違いない。とにかく正論を言わなければ会合に出席している意味がない」と思った。

　案の定，その場にいた座長のK教授，委員のM教授を初め，厚労省基盤整備室の室長も室長補佐も「同感だ」という表情で頷いていたのである。しかも座長は，

　「ただ今のH先生のご発言は，とてもいいところをついていると思います。皆様もH先生のご意見に同意見ということでよろしいでしょうか？」と言ってH女史の意見を正当化しようとしたのである。

　そこで，私は次のような反論をした。

　「ただ今のH先生のご意見は，何かこれからの時代に逆行した考えだと思います。雇用の流動化の進むこれからの時代にあっては，『学歴，年齢，性別，勤続』といった，本人の努力では変えることのできない要素を採用の条件にすることは，今まで日本社会に「規制」として存在してきた年功序列的考えを肯定するばかりか，男女差別を撤廃する法整備の進行にも逆行することになります。特に問題だと思うのは，サービス分野に職を求める入職者のヤル気を削ぐことになるのではないかと考える点です」と発言したのである。

　しかし，私のこの当たり前とも思える発言によって，会議室は一瞬水を打ったように静まり返ってしまった。事務局を初め，私以外のメンバーたちの間に衝撃が走ったという表現の方がぴったりくるかもしれない。

第3章　実例で検証する「規制」の実態

　座長以下の委員たちは口にこそ出さないが，心の中で「何で彼みたいな人間をこの会合のメンバーに入れたのだろう？」と思ったに違いない。

　少しの間，沈黙が続いた後，座長のK教授が口を開いた。

　「ただ今，H先生のご質問に対して永島委員から出たご意見は，この場で討議して結論を出すには時間がかると思いますので，この問題は今後の検討課題とすることでよろしいでしょうか？」と決め付けるように早口でいった。とりあえず結論を先送りして，その場の雰囲気を変えようとする座長の判断であった。

　それから続けて，

　「これ以外で何かご意見ご質問はないでしょうか？」と言った。

　いわゆる世間に多い調整型人間の採る，無難なまとめ方であった。K教授は，自分に利害関係のない事柄については，議論を尽くすことで波風を立てることを嫌い，関心を示さない日和見主義者の典型であった。

　こんなやり取りが第1回会合からあったせいか，第2回の会合では，H女史が私の指摘を皮肉って，「私は何分，世間知らずの人間なので今度の質問も，的外れといわれるかも知れませんが……」という前口上を付けて質問を行なった。

　そもそも，世間知らずの人間が「有識者」会議に出席したり，無責任な発言を繰り返すだけで主催者側から謝礼をもらうという仕組みこそが，国民の税金をムダ遣いしているというそしりを受けることになるのである。

　このような今流行のカッコ付の有識者連中が集まって行なう「有識者会議」くらい無意味でムダな税金と時間を費やしているものはないであろう。

　この例などは，雇用ルールの法整備が遅々として進まない原因の1

つが,「有識者」の雇用者に対する理解不足から来ているということをうかがい知る好事例と言える。

　労働法関係の法律が施行されても,実際に法律を運用する末端の行政機関の役人が,法律が成立した背景を知らずに事務的な運用を行なっていることが多く,一般市民や会社人と役人との間に法律の解釈をめぐって意見の相違が表面化する原因にもなっている。まさに雇用の現場を知らない,あるいは知ろうとしない「有識者」や役人が,あたかも何でも知っているかのように口を出して,その意見が法律の解釈に影響を与えるような事態になっているのが現実であることを証明する一幕であった。

　経済成長率がバブル期のように飛躍的に向上することが見込めない時代になり,国も民間企業も労働生産性を高めることが課題になる中で,課題実現には,公務員改革ばかりではなく民間企業の人事部や経営者,大学教授などの学識経験者の意識改革が必要ではないだろうか。雇用・労働問題に興味を持たず,ろくに勉強もしていない見識のない人間が,肩書だけはそれなりのものを要求するような日本の現状を見るにつけ,日本の成長の阻害要因の根が深いことを感じる。

　その意味でも,日本における構造改革,規制改革を積極的に推進する見識のある人材が求められるのである。

　2007年1月24日付日本経済新聞朝刊の2面に「求人の年齢制限禁止へ」という見出しが出た。この背景には,2001年10月から改正雇用対策法が施行され,第7条に事業主が労働者を募集・採用する場合,年齢による制限をしないよう努力することを規定したことがある。

　しかし,これまでの日本企業の募集慣行に対して,急激な変化を好まない企業に配慮したことが覗える条文が第12条（表3-1）と,これを受けて出された厚生労働省告示（表3-2）が,条件付きで年齢制限を認めたものである。

第3章 実例で検証する「規制」の実態

　こうした背景があって，ようやく自民党は，2007年，現行の雇用対策法の年齢制限をしないという企業の努力義務規定を禁止事項に変える雇用対策法改正案の検討に着手した。このスピード感が，欧米の合理的な雇用ルールの制定に抵抗を見せる日本独特の感覚であり，規制の源泉になっていることに日本の政官労使は気づいていないのである。

　ここに来てようやく，日本に深く浸透してきた「年齢」基軸の人事制度や労使慣行が，急激な経済のグローバル化，ボーダレス化の阻害要因になっているという現実を直視せざるを得ない状況になったと言えるのである。

表3-1　改正雇用対策法

法　律	条　項	条　文
改正雇用対策法	第7条	事業主は，労働者がその有する能力を有効に発揮するために必要であると認められるときは，労働者の募集及び採用について，その年齢にかかわりなく均等な機会を与えるように努めなければならない。
	第12条 （年齢指針）	厚生労働大臣は，第7条に定める事項に関し，事業主が適切に対処するために必要な指針を定め，これを公表するものとする。

表3-2　平成13年厚生労働省告示第295号

法　律	条　項	条　文
平成13年厚労省告示第295号		労働者の募集及び採用について年齢にかかわりなく均等な機会を与えることについて事業主が適切に対処するための指針
		事業主が行う労働者の募集及び採用が次の1から10までのいずれかに該当する場合であって，当該事業主がその旨を職業紹介機関，求職者等に対して説明したときには，年齢制限をすることが認められるものとする。

		1	長期勤続によるキャリア形成を図る観点から，新規学卒者等である特定の年齢層の労働者を対象として募集及び採用を行う場合
		2	企業の事業活動の継承や技能，ノウハウ等の継承の観点から，労働者数が最も少ない年齢層の労働者を補充する必要がある状態等当該企業における労働者の年齢構成を維持・回復させるために特に必要があると認められる状態において，特定の年齢層の労働者を対象として募集及び採用を行う場合
		3	定年年齢又は継続雇用の最高年齢と，労働者がその有する能力を有効に発揮するために必要とされる期間又は当該業務に係る職業能力を形成するために必要とされる期間とを考慮して，特定の年齢以下の労働者を対象として募集及び採用を行う場合
		4	事業主が募集及び採用に当たり条件として提示する賃金額を採用した者の年齢にかかわりなく支払うこととするためには，年齢を主要な要素として賃金額を定めている就業規則との関係から，既に働いている労働者の賃金額に変更を生じさせることとなる就業規則の変更が必要となる状態において，特定の年齢以下の労働者を対象として募集及び採用を行う場合
		5	特定の年齢層を対象とした商品の販売やサービスの提供等を行う業務について，当該年齢層の顧客等との関係で当該業務の円滑な遂行を図る必要から，特定の年齢層の労働者を対象として募集及び採用を行う場合
		6	芸術・芸能の分野における表現の真実性等の要請から，特定の年齢層の労働者を対象として募集及び採用を行う場合
		7	労働災害の発生状況等から，労働災害の防止や安全性の確保について特に考慮する必要があるとされる業務について，特定の年齢層の労働者

		を対象として募集及び採用を行う場合
	8	体力，視力等加齢に伴い，その機能が低下するものに関して，採用後の勤務期間等の関係からその機能が一定水準以上であることが業務の円滑な遂行に不可欠であるとされる当該業務について，特定の年齢以下の労働者について募集及び採用を行う場合
	9	行政機関による指導，観奨等に応じる等行政機関の施策を踏まえて中高年齢者に限定して募集及び採用を行う場合
	10	労働基準法（昭和22年法律第49号）等の法令の規定により，特定の年齢層の労働者の就業等が禁止又は制限されている業務について，当該禁止又は制限されている年齢層の労働者を除いて募集及び採用を行う場合

3.3 不二家の不祥事から学ぶもの

　企業の不祥事が続発している。しかも，最早「不祥事」では済まされない事態になっている。

　最近，次々に起きている現象はすべて「企業による組織的犯罪」といっても過言ではない。

　そこには，過去に起こした「犯罪」を今の今まで世間に公表することなく隠し続けてきた「企業努力」が，パロマ工業や不二家が起こした事件によって隠蔽できない状態まで追い込まれてしまったという企業のホンネが現れているのである。

　「ひとたび事件がマスコミの注目するところとなると，しばらくは手がつけられないから，事態が収束するまで沈黙していたい」というのが不祥事を起こした加害者のホンネではないだろうか。

1．ずさんな衛生管理体制

2007年1月，長い正月休みも終わりを告げ，松が明けた11日，朝日新聞夕刊の1面に「不二家，洋菓子販売を休止，期限切れ牛乳使用判明」という大見出しが出た。大手菓子メーカー不二家の不祥事を報じる記事である。

その記事は，不二家が，消費期限切れの牛乳を使ってシュークリームを埼玉工場で製造し，関東など1都9県に出荷していたことが発覚したという内容であった。

不二家は，事実を把握しながら公表や商品の回収をしなかったことが，報道によって明らかになったため，1月11日，急遽記者会見を開き，当面全国の約800ある直営店とフランチャイズ店での洋菓子販売を休止する発表を行なった。

この後，マスコミの報道によって，続々と社内のずさんな管理体制が暴露されていったのはご存知の読者も多いかと思う。

当初，不二家は，消費期限切れの牛乳を使用した責任はパート社員の判断にあったなどという説明を行なうなど，企業の倫理観を欠く責任転嫁体質が露見した事件でもあった。

結局，期限切れ原料を使用した牛乳や乳製品が過去7年間で計18件，賞味期限切れのジャムなどや消費期限の誤表記が数件，細菌基準違反が7件など，埼玉工場以外の工場でも同様の食品衛生法に抵触する製造を行なっていたことが判明した。

藤井社長は事件発覚後の1月15日，記者会見で，一連の問題について，

「会社の体質そのものに重大な問題があると認識している」というコメントを発表した。

大企業の社長という地位も名誉も責任もある人間が，自ら築き上げ

第3章 実例で検証する「規制」の実態

た会社の体質について,第三者的な言い方をする姿にコトバを失った消費者が大勢いたに違いない。

2．雪印乳業食中毒事件

この種の発言で思い出すのが,雪印乳業大阪工場の集団食中毒事件で記者会見した時の石川哲郎社長の問題の発言である。

2000年7月4日,当時雪印乳業の社長であった石川哲郎氏は事件を追及する報道陣に向かって「私は寝てないんだよ」と言い放った。

14,780人もの発症者を出した加害企業の最高責任者が,顧客の被害状況より自分の健康状態を優先すると聞こえた発言である。この一言に当時の雪印乳業の顧客軽視の企業姿勢が表れていた。

石川社長が退任した後の社長には,東日本支社長常務取締役であった西 紘平氏が就任した。私が事件の渦中にいた西社長とお会いしたのは,食中毒事件が起きてからちょうど1年後である。

2001年7月某日,雪印乳業の本社がある四谷で西社長と会談した時,「この件が収集するまでは気が休まらないでしょう」という私の質問に対して,西氏の答えは,

「社長就任以来私のカレンダーには土曜とか日曜とかの曜日はないんです。(日にちの)数字があるだけです」というものだった。

私には,西氏の言わんとしていることがよく理解できた。

「自分の役割は,この事件を収束するためのショートリリーフです」と言っているように聞えたのである。

それから数日後,雪印乳業の雇用調整が一段落ついたことを報告に行った時,再会した西氏の口から出たコトバは今でも思い出す。

「永島さん,この件で終わりじゃありませんよ」という意味深なコトバであった。

その後,西社長の予言を裏付ける事件が雪印グループ企業で起きた。

2001年10月に発覚した雪印食品による牛肉偽装事件である。

当時，BSE（牛海綿状脳症）問題で消費者の間に牛肉離れが進んでいた時期である。この事件は，農林水産省が食肉業者から国産牛肉を買い上げ，代わりに補助金を交付するという措置を悪用し，雪印食品が外国産の牛肉を国産牛肉と偽って国に買い取らせたという実に悪質な組織的犯罪であった。

この事件で経営不振に陥った雪印食品は，2002年4月30日に会社を解散することになったが，西氏も同年9月，経営再建のために走り続けた2年間の任期を終えて雪印乳業の社長を退任し，10月1日，新たにロッテスノーの社長に就任したのである。

3．企業価値を表すもの

不二家の不祥事について改めて考えると，6年半前，雪印乳業が食中毒事件に端を発して次々と組織内部の不祥事体質が露見して行った，いわゆる企業ぐるみの犯罪の顛末と重なるところがある。

2007年1月23日，不二家は，引責辞任に追い込まれた藤井社長の後任に桜井康文取締役が就任したが，顧客や小売店の信頼を回復するには道のりは遠い。

不二家の消費期限切れ原料を使って洋菓子を製造，出荷していた問題が，不二家の衛生管理に対する企業姿勢という，食を扱う企業理念の根幹の問題にまで発展することになるとは，不二家の経営幹部を初め，社員の誰も思わなかったのではないだろうか。

背景には企業の価値観や従業員の職業観がある。企業の価値観や存在意義は，「社会にどのような貢献ができるのか？」という企業理念に根ざすものなのである。この中の「社会」という意味は，社会を構成する顧客ということである。

一方，従業員にとっては，働くことの意味を理解しないで，ただ生

活のために働くという意識だけでは，倫理観や貢献意欲が生まれて来ない。

「誰に対してどのような貢献をするのか？」ということが仕事の原点である。

不祥事を起こした当事者企業の経営者や従業員は，社会における会社の存在意義とそこで働く従業員の働く意味について考え直す必要があるのではないだろうか。

不二家が山崎製パンの技術支援を受け，業務提携によって，不二家というブランドは残るが，こうした機会に不二家の経営理念の見直しや従業員の意識改革を図らないと，また同じような問題を起こす危険があるということを忘れてはいけない。

消費期限切れ事件発覚後，明るみに出た一連の問題（図3-2）の対策を考える不二家首脳の頭の中は，「事態の早期収拾」「製造・販売の早期再開」「赤字補填，企業の早期再建」という自社のことばかりで，顧客に目を向けない体質が浮き彫りになった。

企業が再建するには，まず社会から認められることが前提である。一連の不祥事に対して，真摯に企業体質の改革を考え，社会に受け入れ準備が整ったかどうかを確認し，大筋了解をもらってから本格的に再開することが求められる。

企業存続の原点に返って，今後どうすべきかについて，真剣に考える機会とすべきである。甘えは許されない。菓子といった嗜好品企業が1社くらい消滅しても社会に対する影響度は極めて少ないからである。

4．不祥事を起こす企業の問題の本質

ここで取り上げた不二家と雪印乳業という会社は，食品業界の中でも老舗の大企業である。

図3-2 明るみに出た不二家の不祥事

1．消費期限切れ原材料で作って，出荷した商品

ケーキ，シュークリーム，アップルパイ，あんにんどうふ，タルト，ゼリー

2．消費・賞味期限切れ（1〜4日）で使用した原材料

牛乳，生卵，生クリーム，ジャム，リンゴ加工品，チョコなど

3．消費期限の表示を延長して出荷した製品

プリン約10万個（1〜2日），シュークリーム約3万5千個（1日）

4．国の基準を逸脱して出荷を認める細菌検査の独自基準の設定

食品衛生マニュアル（社内基準）では大腸菌群が陽性でも出荷

　元来，食品業界には同族経営が多く，それゆえの甘さも指摘されるところであるが，トヨタ自動車を筆頭に同族会社の中でもグローバルな舞台で活躍している企業は数多く存在する。
　問題の本質は2つある。1つは，このような不祥事は起きるべくして起きたということである。内部統制の必要性やコーポレートガバナンス，日本版SOX法，CSRについて論じる以前の，社内体質の問題である。経営者や経営幹部の，有名企業になったという思い上がり

第3章　実例で検証する「規制」の実態

が問題を引き起こしたといっても過言ではない。

　それを一番よく表しているのが，不祥事を起こした直後の企業の対応である。だいたい以下の順番に事が運び，企業体質が表面化する頃に，危機管理に慣れていない経営者がボロを出すというパターンを見かけることが多い。

(1) 事件発覚直後のマスコミ対応は，広報部や総務部の責任者が担当するが，記者の取材に対して，「当社としては，まだ事実関係を十分に調査分析できていないため，コメントはできません」とか，「早急に社内の関係者に事実関係を確認し，対処致します」といった内容が多い。

(2) 数日後，関係省庁の調査やマスコミ独自の取材や調査によって，事件の全貌が明らかになると，企業の経営トップか次席の代理人が謝罪のための記者会見を開く。

　この時は，「この度は，弊社の安全（品質）管理体制の不備から消費者の生命に関わるような問題を引き起こしてしまい，誠に申し訳ございません。被害に遭われた方やご家族の方を初め，多くの方に対して大変申し訳ないことをしたと反省し，深くお詫び申し上げます」というような挨拶をして，全国民に対して深々とお辞儀をする光景がテレビカメラに大きくアップで映し出される。

(3) 次に，問題の重大さと事件発生後の企業の対応の悪さについてマスコミが非難する。どんな場合にも，企業が加害者であることを認めると自社のダメージが大きくなると考えるからだろうか，初期行動では必ずといっていいほど自社にとって不利な事実は隠そうとする意識が働く。

　しかし，隠そうとすればするほど，どこかで隠蔽工作の事実が露見し，そこへマスコミがこぞって企業の責任を追及する。

　結局，メインバンクから経営再建のための人的支援と資金援助

の条件として現経営陣の交代の要求があり，これを受けて臨時取締役会，臨時株主総会を開き社長以下経営陣の総退陣ということになる。

(4) 新社長の就任により局面は経営再建に移っていくが，最近の傾向は，経済のグローバル化の流れの中で，弱肉強食的な業務提携話が持ち上がってくる。

　すなわち，業界でのシェア争いから，窮地に陥った企業の持つ特徴を自社で生かそうとする思惑があり，業務提携や買収に発展するのである。

(5) このようにして企業は，合従連衡による生き残り策を考え，最後は銀行団による融資によって事件の幕引きになる。

問題は，事件を起こした企業の再生に注目が集まり，事件の被害者側に立った事件の原因究明や再発防止について考察する配慮が足りないことである。

安全管理や品質管理を怠った企業が，顧客に被害を与えた場合には，まず顧客の安全や健康を第一義に考えるべきである。

株主やマスコミは，企業経営者の責任を追及し，退職に追い込むことを考えることより，先ず再発防止のためにどんなことをしたかについて追求すべきである。企業による事故は「人災」の場合が圧倒的に多いからである。

事故原因を調査するにつれて明らかになるのは，当事者意識の低い現場責任者の初期行動に加えて，事故を隠蔽しようとする心理が当事者に働く企業体質である。

社内の事故は，なるべく外部に出さないようにすることが危機管理だと勘違いしている管理者が多い。

だから，事故の原因究明や事故の被害者への対応が遅くなるのである。

第3章　実例で検証する「規制」の実態

　不二家の場合，問題の発端となった埼玉工場には県の食品衛生法に基づく立ち入り検査を2回行なったが，初回の検査では「ない」とされた「消費・賞味期限チェック表」や「細菌検査判定結果表」など14種類の管理書類が，2回目の検査になって埼玉県生活衛生課に提出された。

　隠蔽体質が企業内の隅々まで浸透している証拠である。

　マスコミに知られた後の対応は，謝罪広告とリコールによって何とか企業の負担金額を最小限に抑えようとする心理が働く。あたかも企業が危機的状況に直面した時の対応策として，「危機管理マニュアル」などに書かれているかのような同一パターンの行動を採ることが多い。

　しかもこの場合，現場管理者は，先ず，「自分の地位や立場は，今後どのようになるのだろうか？」という考えが先行し，次に「会社に迷惑をかけるわけには行かない」という順に自己防衛的な思考に走るのである。

　こうした一見，企業を守っているかのように見える隠蔽工作が，結果的に企業を経営危機に落とし入れていることに当事者は気がつかないのである。

　危機管理体制と銘打って作成した緊急連絡網や危機管理組織，災害対策本部体制なども絵に描いた餅に過ぎないことが多い。大事なことは理屈ではなく実践的な思考である。経営トップの考え方が一番大切なのである。

　その意味では企業価値やブランドは，その時代における経営者の人格そのものであると言うことができる。

　経営理念や経営方針に社会貢献の思想が入っており，経営戦略に経営理念の実現に向けた強い意志が感じられる企業が社会に生き残れる企業である。

表3-3 新聞に公表された企業の謝罪広告の件数

業種＼掲載日	1/19	1/21	1/24	1/27	1/30	1/31	2/4	2/5	2/6	2/10	合計
電機	1		1	1		4			1		8
玩具，IT	1				2			1			4
食品		3	1	6	4	3	1		2	2	22
繊維			1								1
保険										1	1
その他製品										1	1
合計	2	3	3	7	6	7	1	1	3	4	37

(注) 1. 数字は，朝日新聞または日本経済新聞に掲載された謝罪広告の件数。
2. 2007年1月11日～2007年2月10日までの期間に両紙に掲載された広告をカウントした。但し，重複広告は除いた。

最近は，ある企業が起こした不祥事に対して敏感に反応する同業他社の対応が目に付く。ここに2つ目の本質的問題がある。

不二家による期限切れ原料の使用が発覚したのが1月10日で，翌11日に同社は記者会見し，洋菓子の販売を休止すると発表した。

すると，その翌週から新聞の社会面の記事下に，問題を起こした企業の「謝罪広告」が連日のように掲載されたのである。

三菱電機，キヤノンから始まり，コカ・コーラ，おたべ，三洋電機，ガロ・ジャパン，味の素，伊藤ハム，江崎グリコ，ロッテ，はごろもフーズ，京セラ，ニチロといったメーカーや商社など，ざっと数えても2月10日までの1ヶ月間に新聞に発表された企業の謝罪広告は実に30を超えた（表3-3）。

広告の内容は違っても表記方法はほとんど似通っているのが特徴である。タイトルは「お詫びとお知らせ」か「自主回収のお知らせ」が多く，内容は食品会社においては，消費期限や賞味期限切れの原材料

第3章 実例で検証する「規制」の実態

使用の商品, 異物混入, 食品衛生法違反の原料使用商品, 賞味期限の表示ミス, 殺菌工程の不具合による商品の変質などである。

尚, 謝罪内容の事由別集計結果は, 次のとおりである。

＜謝罪広告の事由別新聞掲載件数＞

(1) 不良品・欠陥品	11件
(2) 賞味期限, 消費期限, 期限切れ, 表示漏れ	10件
(3) 法令違反	9件
(4) 異物混入	6件
(5) 保険事故	1件

(注) 1. 調査期間は, 2007年1月11日～2007年2月10日
　　 2. 朝日新聞, 日本経済新聞に掲載された「謝罪広告」の件数

電機会社のものはいわゆる「不良品」の回収であるが, 問題は更に2つに分類される。

(1) これらの謝罪広告が, なぜこの時期に大挙して出るのか？

　　中には最近の事故ではなく, かなり古い事故の謝罪を行なっている点が, いかにも不二家の事故やパロマ工業の事件に時を合わせた「便乗広告」といった感がある。

(2) 事故を起こした企業は自主点検を行ない, 自主回収をすることによって消費者から「免罪符」を受けたことになると考えているのだろうか？

もし, そうだとすれば, こんな安直な手段はないだろう。

不祥事を起こした企業は, 消費者に謝罪するだけではなく, 社会一般に対して「謝罪広告」を出すことが, 「みそぎ」をしたことになると考えているように思える。

企業が社会に存立する本質を見失っている証拠である。不祥事の原

図 3-3　企業存立の使命と目的

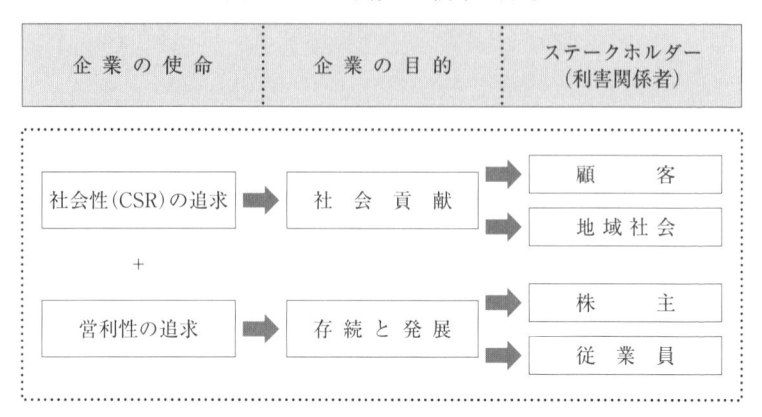

企業の使命	企業の目的	ステークホルダー（利害関係者）
社会性(CSR)の追求	社会貢献	顧客／地域社会
＋		
営利性の追求	存続と発展	株主／従業員

因は，企業の使命である社会性と営利性のバランスを失い，経営者の利己心がもたらした結果が招いたと言えないだろうか。

　企業という営利目的の組織体とその構成員である従業員の役割意識やモラルを二義的に考える社風を作るのは，経営者だけでなく一人ひとりの従業員なのである。「会社の使命」から導き出される「会社の目的」は，社会貢献であり，会社の存続と発展である。社会貢献の客体は，顧客であり地域社会になる。

　また，企業が存続し発展するためには，従業員や株主が会社に対して主体的な行動を採ることが前提になる（図 3-3）。

　不二家の消費期限切れ原料の使用問題は，企業の論理が顧客の生命の安全に優先して考えられていた証拠である。

　事件発覚後の対応も，営業を一時中止し，再発防止策を講ずることにより，世間や厚労省に対して許しを乞い，早期に営業を再開したいという傲慢な姿勢を感じる。

　社会的責任を意識した対応を真剣に考えるのであれば，早期に不二家の再建を図るということよりも先ず早急に着手しなければならない

ことは，消費期限の切れた商品を購入した顧客に対する謝罪であり，対応のはずである。

消費期限や賞味期限を企業が自主的に定められる現行の食品衛生法の改訂も早急に実施されるべき課題である。国民の健康を守るべき法律が機能不全に陥っている現実を厚労省はどう考えているのだろうか。

5．食品衛生法と再生品使用の問題

食品の安全や衛生管理に関しては，6年半前に起こした雪印乳業の食中毒事件に端を発した一連の不祥事の中で，露見した食品の再生品処理の問題が思い出される。

今振り返ると，この問題の矛先はどこに行ってしまったのだろうか，うやむやのまま闇に葬られてしまったような気がする。日本人の「喉元過ぎれば熱さを忘れる」的な性格に依存して，今回も，「人の噂も七十五日」経過するのを当てにしているのだろうか。

製造工場を持つ食品会社は，どこも再生品の処理を行なっている実態があり，これは食品業界の常識になっている。

ただし，再生品の新製品に配合する割合がどのくらいまでが許容範囲なのか私は知らない。

「菓子の利益は3割ある」というフレーズを聞くが，なぜ3割も利益が残るのか，という疑問を解明しようとする人はいない。

「3割の利益」の根拠は不確かだが，「ムダがないから」という回答については，あながち不正解ともいえない。

なぜなら，「ムダがない」のではなく，「ムダにしない」のが食料品の特徴なのである。

この答も優等生的な答である。この疑問を解くためには，「なぜムダが出ないのか」ということを掘り下げて考えてみる必要がある。

引き合いに出されるのが農家の野菜の生産量である。

野菜は，年によって豊作な年と天候不順や自然災害の影響で不作な年があることはよく知られている。不作の年には野菜の値段が高騰するため，賢い消費者はじっと我慢して安くなるのを待つことが多い。豊作の年には，農家はせっかく収穫した野菜をブルドーザーで踏み潰し絶対量を調整している様子がテレビに流れる。この映像を見ると，世界には満足に食事もできない多くの難民や貧困世帯があるのに，なぜ日本の農家は，汗水たらして生産した野菜を廃棄処分にしてしまうのだろうと感じた人は少なくないと思う。

　また，現在日本は，若年層の活字離れが拡大したせいで，出版業界の業績が思わしくないが，毎日売り出される数多くの出版物が売れ残って在庫として出版元に返品されることはあまり知られていない。書店の店頭から姿を消した書籍は版元に返品されるのである。

　したがって，野菜を生産する農家や本の出版社も利益を1割以上確保するのは大変なことである。

　それに比べて，食品会社の利益はなぜ3割もあるといわれるのか。その答の1つは，菓子の流通の仕組みにヒントがある。

　つまり，一旦出荷してスーパーや菓子屋の店頭に並べられたチョコレートやクッキー，キャンディー，ガムなどの商品は，ある一定期間（賞味期限）が経過すると，食品問屋（＝卸店，特約店）経由で菓子メーカーに返品されるのである。メーカーは，返品された商品を廃棄することもあるが，たいていの場合は，「再生品」として再利用しているのである。R品と呼ばれる食品のリサイクル品である。

　例えば，クッキーやビスケット類はメランジャーと呼ばれる石臼のような機械にかけて，30〜40ミクロン位の粒子になるまですり潰す。粉状になったものを新製品の原料に混ぜて使うのである。

　ビスケットなどの原料は，マーガリンなどの油脂や小麦粉，砂糖，塩，ミルク，香料などであるが，この中に再生品を2〜3割混入して

第3章　実例で検証する「規制」の実態

ミキサーに投入して新製品を作るのである。再生品を使用するのはクッキーやビスケットだけでなく，チョコレートやガムなども同様に使っている。ガムには，「リーガム」という名称が付いているように，再生品を使うことはごく一般的になっている。

また，食品会社の生産工場では製品ライン毎に記号が付いている。例えば，Ａラインでは○○チョコレートを生産し，Ｂラインでは△△チョコレートを作っているといった類である。その中に再生品ラインがあり，パートタイマーや期間従業員が市場から問屋経由で回収し，返品された賞味期限切れ商品を包装紙と中身に分ける作業をしている。回収した製品が溜まってくると定期的に行なう作業である。

これらの作業は，時期や期間が限定されるため，主に雇用期間の短いパート社員が担当することが多い。標準化しやすい業務なので通常は，正社員以外の雇用期間限定の従業員が担当する。

再生品を使うこと自体いけないといっている訳ではない。利益を確保するためには，再生品を使うことはやむを得ないという経営判断であるなら，少なくとも，個々の食品の安全基準を明確に規定した上で，商品パッケージの使用原料欄に再生品の割合を表示すべきである。

特に，製造元や販売元会社は，自分達の製造・販売している食品は消費者が購入し，口に入れるものであるということを強く意識して業務に従事すべきである。

「消費期限，賞味期限切れ商品の再生品に使用できる割合に規制があるか，安全基準はあるか」という疑問について，厚生労働省食品安全部監視安全課に質問したところ，2007年2月11日，次のような回答をいただいた。

(1) 食品衛生法上，期限切れ原材料の再利用に関する規定はない。
(2) 食品衛生法では，食品の安全確保を図ることにより国民の健康の保護を図ることを目的としており，原材料に関しては，第3条

表3-4 食品衛生法第3条，第50条

法　　律	条　項	条　　文
食品衛生法	第3条	食品等事業者は，その採取し製造し輸入し加工し調理し貯蔵し運搬し販売し不特定若しくは多数の者に授与し又は営業上使用する食品，添加物，器具又は容器包装（以下「販売食品等」という）について，自らの責任においてそれらの安全性を確保するため，販売食品等の安全性の確保に係る知識及び技術の習得，販売食品等の原材料の安全性の確保，販売食品等の自主検査の実施その他の必要な措置を講ずるよう努めなければならない。
	第50条	厚生労働大臣は，食品又は添加物の製造又は加工の過程において有毒な又は有害な物質が当該食品又は添加物に混入することを防止するための措置に関し必要な基準を定めることができる。
	第50条第2項	都道府県は，営業の施設の内外の清潔保持，ねずみ，昆虫等の駆除その他公衆衛生上講ずべき措置に関し，条例で，必要な基準を定めることができる。
	第50条第3項	営業者は，前2項の基準が定められたときは，これを遵守しなければならない。

（表3-4）において，「食品等事業者の責務において，販売食品等の原材料の安全性の確保に努めなければならない」と規定されている。
(3) 第50条第2項（表3-4）に基づき，都道府県等が営業施設の衛生管理上講ずべき措置を条例で定める場合の技術的助言として示している。管理運営基準に関するガイドラインにおいても，原材料として使用する食品は適切なものを選択することとされている。
(4) 不二家の事件では，調査に当たった自治体が，消費期限切れの食品を安全性に関わる科学的検証をしないで原材料として使用し

第3章 実例で検証する「規制」の実態

図3-4 個人の役割と仕事の目的

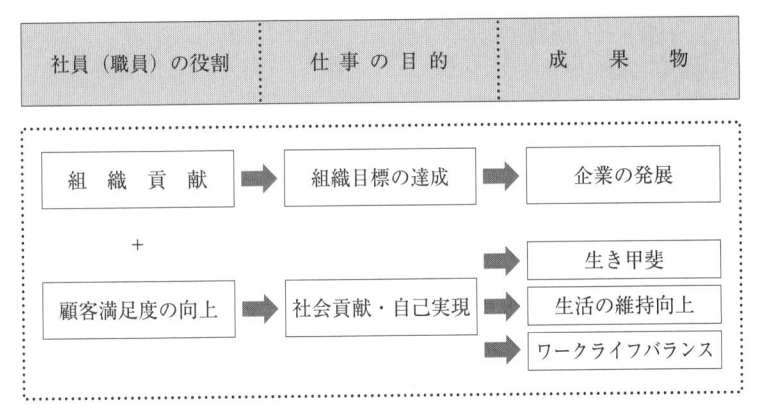

社員（職員）の役割	仕事の目的	成　果　物

```
組　織　貢　献    →   組織目標の達成   →   企業の発展
      ＋
                                       →   生き甲斐
顧客満足度の向上  →   社会貢献・自己実現 →   生活の維持向上
                                       →   ワークライフバランス
```

たことについて，食品衛生法第50条第3項（表3-4）違反と判断している。

更に，今回の不二家の事件の締めくくりとして，厚労省は2007年1月31日付で都道府県自治体と食品業界団体に対して，「広域流通食品の製造に係る衛生管理の徹底について」というタイトルの厚労省通達（厚生労働省医薬食品局食品安全部長名）を出した。

食品の安全衛生を監督する立場にある厚労省などの関係官庁は，食品衛生法や同施行規則が「何のための」「誰のための」法律なのかという原点に立ち返って，行政に従事することが求められているのである。

民間企業も公務員も，自分の所属する組織の役割やその中における自分の役割を明確にしていなければ，組織の社会貢献や個人のキャリア形成などは実現できない。社員（職員）の使命と仕事の目的，その結果として生産される成果物を意識して，日々の業務を遂行することが大切なのである（図3-4）。

不二家は問題発覚の当初，消費期限切れ原料の使用は，「埼玉工場

のベテランのパート社員が判断した」というコメントを発表したが，マスコミからの追求が激しくなってくると，今回の件は「パート社員が独断で判断したのではなく，パート社員は，ただ上司の指示に従っただけである」と前言を訂正した。

　雇用形態の中で，弱い立場にあるパート社員に事故の責任を転嫁する卑劣な企業体質を垣間見るような発言であった。パート社員に期限切れ原料を使用するかしないかという決裁権限がないのは，自明の理である。

　古くから引き継がれた企業体質は，経営幹部を一新したところで，そう簡単には変えられない。既に不二家という会社の「文化」になってしまっているからである。

　「文化」というコトバについて，私は遥か昔，学術的な説明を聞いた記憶がある。

　1971年の春，私が慶應義塾大学法学部に入学して最初の社会学の講義の時間である。当時，まだ専任講師か助教授であった米地　実氏から斬新な香りのする「文化」の意味を教わったことを，今でも鮮明に覚えている。

　要約すると，米地先生の考える「文化」とは，「アジの食べ方」のことだという。

　アジという魚を煮て食べるか，焼いて食べるかタタキにして食べるか，いろいろな調理方法があり，これらの方法のうちどうやって調理するかは人間だけが考えることのできる知恵であり，これが「文化」だというのである。

　こうした意味では，不二家は「悪しき文化」が身についた企業であり，多様性人材の弱い立場の従業員に責任を転嫁する体質が，問題をより大きくしたと言えるのではないだろうか。

　更に，埼玉工場で頻発していたことが新たに判明したプリンの消費

期限の不適切な表示についても、工場長を初め生産管理課長、製造課長や担当者に至るまで関係者全員が容認していたことがわかった。

今回のように、不二家という老舗の菓子会社によるずさんな衛生管理が公表されると、食品の品質や安全衛生管理全般に対する消費者の不安や不信感が芽生えてくる。

こうした事件をきっかけにして、改めて食品会社の体質改善の必要性と行政の再発防止に取り組む姿勢の甘さに憤りを感じるのである。

6．異物混入の実態

繰り返すが、1月10日の不二家の事件発覚以降、名の通った食品会社の事故発生と商品回収という謝罪広告が続いている。特に目立つのが出荷済み製品の「異物混入」の報告記事が多発していることである。

2月11日以降の広告では、ドールのバナナから発見された虫ピン、ファーストキッチンのタルトに混入したタルトストーン（鉄製おもり）、明治製菓のチョコレートに混入していた蛾などの異物であるが、これらの異物混入に対して、各社共そろって回収を呼びかける広告を出している。

「不二家の二の舞になりたくない」という食品会社の危機意識が、この時期にあえて公表に踏み切る決断をさせているように感じるのは私1人だろうか。

過去1年間に不二家の菓子や飲料に異物が混入していたために寄せられた消費者の苦情は、実に1,700以上あったという。1日4～5件は異物混入の苦情があった計算になる。

食品に関心が薄い人には、なぜこんなに多く製品に異物が入るのか疑問に思うかもしれない。

それは、自然に混入してしまったケースばかりではないからである。災害には自然災害と人災があるように、食品製造においても製造担当

者が気がつかずに異物が混入してしまうケースと製造現場に従事する人が故意に製品に入れるケースがあると聞いたことがある。

前者は作業者の不注意から起きたことであるから、再発防止もある程度は可能である。二重三重の機械的チェックを入れれば防げる事故である。

しかし、後者のケースは人が作為的に行なう事故なので、よほど監視の目を光らせていないと再発防止は不可能である。

では、なぜ人為的に異物の混入が起きるのかということを説明したい。1つは、恨みの類である。作業員が何に対して恨みを持つのかというと、それは様々であるが、広くいえば社会や人生に対して、身近な問題では上司に対する嫌がらせや雇い止め、異動、配転、正社員登用見送りなどの人事問題が挙げられる。

異物には髪の毛、壁、ビニールテープ、土、虫、ナイロンひも、紙片、糸、ゴム片、金属片、プラスチック片など様々な物がある。

問題は従業員の労務管理や衛生管理など、管理監督者が仕事や部下に対して持つ愛情次第で、事故の発生率が大分違ってくるのである。管理者は、日常の職場の労務管理において、部下とのコミュニケーションを積極的にとることによって、部下の仕事に対する不満や希望をある程度解消することができる。

すなわち、職場のコミュニケーションによって、異物混入の被害を最小限に抑制することができるのである。

7．食品工場の労災事故

菓子メーカーのN社は、数多くのヒット商品を出した有名企業である。東京郊外には、大きなチョコレート工場があり、その工場で生産されたチョコレートは全国のスーパーマーケットの菓子売場に陳列されている。

第3章 実例で検証する「規制」の実態

　チョコレートは，カカオ豆を焙煎してローラーにかけて作ったカカオマスを主原料にしているが，これに砂糖，ココアバター，ミルク，バニラなどの原料を加えてミキサーに投入し，丹念に練り上げると，「スイート」と呼ばれるドロドロとした液状のチョコレートができる。このスイートを化学プラント工場で見かけるような，工場の隅々まで配列したステンレスのパイプラインを通して各製品ラインに供給し，モールドと呼ばれるプラスチック製の成型容器にスイートを充填してから冷却して製品に仕上げるのである。

　N社のチョコレート工場は，十数本の製品ラインを持つ大規模工場であったが，事故はスイートを攪拌する機械で起きた。

　チョコレートの製造工程では後工程に当ると思うが，スイートが焦げ付かないように絶えずステンレスのエッジの付いた棒で攪拌する工程があり，その工程に1人，作業員が付いている。

　製造業の中でも食品工業は他の業種と違い，比較的人海戦術でまかなっているところが多いが，それでもFA化など合理化の流れに乗って，どの食品工場内もオートメーション化が進んでいる。一番人手が要るのが製品検査や製造ラインを監視する作業員くらいである。

　10月下旬の午後3時頃，その工場で労災事故が起きた。スイートを攪拌する装置をじっと見守っていた作業員が，「アッ」という声を上げた。続いて「ウォー」という低い呻き声が聞こえた直後に作業員はその攪拌機の前に倒れ込んでしまった。

　それからは，仲間の作業員を呼ぶ声や泣き喚くような悲鳴が工場中響き渡った。

　工場中の作業員が直径1m程の円形の攪拌機の前に集まってきた。誰かが攪拌機のスイッチを切るように叫んでから，作業員たちの驚きと泣くような悲鳴が聞こえた。

　チョコレート色をしたスイートを蓄えた大釜は，その中央部分に

真っ赤な鮮血の海ができていた。担当の作業員が回転中の、スイートを攪拌するステンレス棒に手を触れたらしい。右手の親指が、ステンレス棒に付いているスクレッパーという鋭利な刃物によって切り取られて、スイートの中に落ちたということであった。何とも悲惨な事故である。

　ところが、更に驚いたことはその事故の対処の仕方であった。チーム内の1人が作業員の指の根元と手首をハンカチできつく縛って止血し、チームリーダーと一緒に事務所から工場に駆けつけた生産課長に報告した。

　事故報告を聞いた生産課長は、事故の処理を2〜3人の作業員に指示すると、他の職場から集まった作業員に持ち場に戻るよう指示した。

　事故が起きてからおよそ30分後、工場の運転は再開された。

　攪拌機内に溜まった血液の混ざったスイートは、バットと呼ばれる横幅60cm、縦45cmくらいの大きさのプラスチック容器に掻き出されていった。その容器が全部で4段くらいに積み上げられた後、新しいスイートがパイプからその攪拌機に注入され、また元のように作業が始まった。

　攪拌機の担当にはもちろん別の作業員が当ったが、被害にあった作業員は、切り落とされた自分の親指を、手のひらサイズのプラスチック容器に入れて持ってきた同僚から受け取ると、チームリーダーの付き添いを受けて、2人で医務室に向かった。

　ここの工場では、就業時間内に救急車を呼ぶことは禁止されていた。「救急車を呼ぶような危険な工場」という評判が立つとチョコレートが売れなくなるというのがその理由である。そのことが工場の従業員全員に周知されているということなのか、切り落とされた指の入った容器を左手に持って医務室に向かう作業員に対して、救急車の手配をする従業員はいなかった。

第3章 実例で検証する「規制」の実態

　医務室に運ばれた作業員は，産業医の指図で総務課の社員が運転する黒塗りの公用車で，近くの外科医に連れて行かれた。
　1時間後，運ばれた作業員の指を手術した外科医が，手術後に漏らしたコトバが何ともむなしく聞こえた。
　それは，「もう1時間早く来てくれれば，指は元どおり付いたんですが……」という医者のため息交じりの声だったという。

3.4 「出向先探査」という仕事

1．「出向」の経緯

　ITバブル崩壊後，顕著になったのが企業の「出向」である。「出向」というコトバの響きは軽快に聞こえるが，その実態は組織のスリム化を実現するために行なう，企業の体のいいリストラである。
　アウトプレースメントで知られるD社の営業部長は，社長も出席する営業戦略会議の席上，得意気に語った。
　「今日，O社の人事担当者から出た話ですが，来年1月からO社は従来の早退制度（「早期退職者優遇制度」の略）と併行して，「出向」という形で社外に再就職先を探す「転進支援制度」を作ったので，出向先探査の方でも成果を上げていただきたい」という指示であった。
　元々，「出向」は，1960年代半ば頃，都市銀行をメインバンクとする中小企業が，経営悪化に伴い，メインバンクに経営再建の要請を行ない，メインバンクも融資資金の貸し倒れを防ぎ経営を再建する目的で，検査部や融資部から「再建人」として人材を送り込むところから始まった勤務形態であると言われている。
　また，主に地方で見られる現象であるが，後継者がいない中小企業の経営者が，事業資金の融資を受けている銀行から後継者候補を出向

してもらうことがある。

ただし,銀行法などで禁止されている融資を受けることを条件に預金を強要する,いわゆる「歩積両建て」的な出向とは違う。

当時,銀行は,50歳前後で支店内にポストがない行員の就業場所として,社外の融資先に出向の依頼をすることはあったが,ITバブル崩壊後のような「片道切符の出向」とは意味が違っていた。

1970年頃から行なわれたグループ内の関連企業に役職定年で出向したり,出向社員がそのまま転籍したりするようなケースでは,出向者も予めその心積りがあるからショックも少ないが,人員合理化を目的とする「出向・転籍」のケースは,明らかに対象者の意向を無視した懲罰的人事である。

私が大学在籍中,「労働法」で習った「出向と転籍の法理」は,膨大な判例の解釈が教材となっていた記憶がある。それほど難解な「出向」について,企業は自社の「就業規則」にたった一文「会社は業務上の都合により社員に出向を命ずることがある」という規定があるという根拠で,いとも簡単に社員を社外に出向させようとする。また,大して重大なこととは思わず,当たり前のように実施している有名企業が多いという現実に驚きを隠せない。

今国会に提出予定であった,働き方の多様化に対応した新たな「雇用ルール」や解雇トラブルの金銭解決策の法制化案が,労使代表の合意が取れずに見送りになったこと1つとってみても,日本の労使関係構築のむずかしさがわかるはずである。

日本の長い労働史の中でも,解雇をめぐる企業と労働側の法廷論争の歴史は,語り尽くせないほどの重みを持つテーマなのである。

しかし,現在も大手有名企業が公然と行なっている「出向」が,かつての経営再建のための出向やグループ企業への出向と同じように考えて実施されているとすれば,これほど人間性を無視した労務施策は

第3章 実例で検証する「規制」の実態

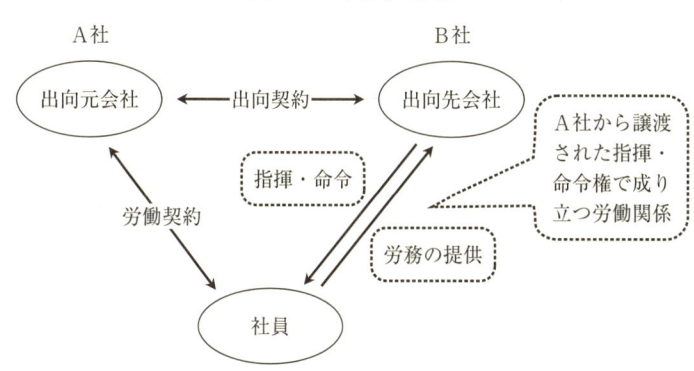

図3-5 出向の形態

```
    A社                        B社
 ┌─────┐   出向契約    ┌─────┐
 │出向元会社│ ←──────→ │出向先会社│       A社から譲渡
 └─────┘              └─────┘       された指揮・
       ↖            指揮・命令  ↗        命令権で成り
         ↖                    ↗          立つ労働関係
  労働契約  ↘                ↗
              ↘    労務の提供
               ↘    ↗
              ┌────┐
              │ 社員 │
              └────┘
```

ないと言える。

　新聞で大きく報道されたのでご存知の方も多いと思うが，アパレル業界大手企業のワールドや中堅化粧品会社のファンケルなどで実際に行なわれた，「出向」や「転籍」拒否社員に対する究極の嫌がらせ的処遇である「座敷牢」への幽閉などについて考えてみても，片道切符の出向は，人間尊重の精神を持たない人事部門や経営者の採る極端な行為であると言える。

　労務管理の基本は，人間尊重であり，それは上司と部下の信頼関係の上に成り立つものである。

　上下間で起きるトラブルも「対決」姿勢では解決しない。「対話」を重視した労務管理が大切なのである。

　さて，話を戻して「出向」のどこが問題なのかについて考察したい。そもそも「出向」は，社員に対して今まで働いていた会社（出向元）から，全く関係のない別の会社（出向先）へ行って，出向先会社の上司の指揮命令下に入って出向先会社のために働くことを命じられることである。

　つまり，ある日から，希望して入社した会社とは別の会社で勤務す

図3-6　転籍の形態

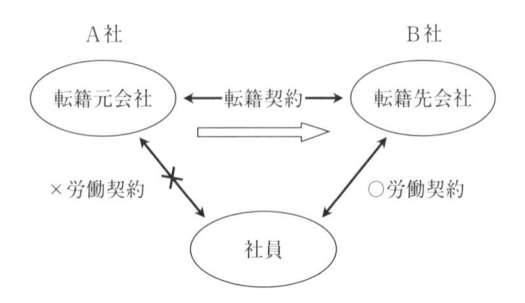

```
      A社                              B社
　転籍元会社　←―転籍契約―→　転籍先会社
         ×労働契約              ○労働契約
                   社員
```

ることになり，今まで指揮命令を受けていた上司とは別の会社の上司から仕事の指示を受けて働くことを意味するのが，「出向」という行為である（図3-5）。

2．「転籍」との違い

「出向」と比較されるのが，「転籍」または「移籍」である。

「転籍」は，現在，社員が勤務している会社の労働契約を解約して，転籍先会社の社員になることを意味する（図3-6）。

簡単に言えば，今の会社を退職して別の会社に再就職することを会社から勧められることである。

「転籍」をするかどうかの判断は本人がするということは言うまでもない。

3．「出向」の要件

問題になるケースは，「出向」が出向先に対する業務支援や再建といった前向きなものでなく，雇用調整の手段として使われる場合である。

「出向」の本来的な形は，「在籍出向」といって，親会社の関連会社や子会社に対して技術支援や事業の立て直しを図ることを目的として

第3章　実例で検証する「規制」の実態

表3-5　民法第623条，第625条

法　律	条　項	条　文
民　法	第623条 （雇用）	雇用は，当事者の一方が相手方に対して労働に従事することを約し，相手方がこれに対してその報酬を与えることを約することによって，その効力を生ずる。
	第625条 （使用者の権利 の譲渡制限等）	使用者は，労働者の承諾を得なければ，その権利を第三者に譲り渡すことができない。

行なわれる。この場合は，対象者に選ばれた社員も「出向」に明確な目的があるため，前向きに取り組むことができる。出向の期限や復帰場所についても，対象者本人と確認する「同意書」に明記されるためである。

法的には，民法623条に規定されている（表3-5）ように，「労働者は使用者に対して労務を提供し，その対価として給与を受け取る」ことが雇用契約の内容であるが，労務提供の前提が使用者の指揮命令下で行なわれることを考えると，民法625条の「使用者の権利の譲渡制限」（表3-5）にあるように，社員の承諾なく第三者（他社）に社員の労務提供の権利を譲り渡すことは禁じられている。

また，労働基準法第15条第1項と同施行規則第5条には，使用者は社員を採用する際には，労働条件の詳細を明示しなければならないと定められている。

これは，他社へ出向することを会社が説明し，社員本人が同意しなければ「出向」は許されないという意味である。

このように「出向」という行為には，対象者の承諾が前提になっているのである。

就業規則に出向条項が書かれていたとしても，そのことを採用予定

の社員に予め説明し，了解を取っておかなければ，使用者の一方的な「出向命令」は効力を持たないということになる。

尚，就業規則に規定することが求められる出向の取扱いは，以下の5項目の要件が必要とされる。

(1) 出向先の範囲
(2) 出向手続き（休職，出向期間中の所属など）
(3) 出向事由（業務上の必要性）
(4) 出向に伴う労働条件，賃金支払の取扱い（出向元と労働条件が違う場合の取扱いなど）
(5) 復帰の取扱い

もっとも，これら5項目の出向要件が就業規則に明記されている会社では，「転籍」を含みにした「出向」の場合，グループ企業の子会社へ業務支援を目的とするものが大半であり，問題のない人事施策と言える。

通常の「出向」は，事前に原籍復帰が使用者と出向者との間で確認されるため，出向を命じられた社員も1～2年の出向期間が終了すれば元の職場に戻れるという安堵感がある。

これに反して，2000年以降に盛んに行なわれてきたのが，社外の不特定の企業に行くことを命令される，転籍を前提にした「出向」である。

「出向」という名を借りたリストラである。

日本の長期不況の中で，1999～2004年は民間企業のサラリーマンにとって，どん底の5～6年間と呼べるくらいリストラの嵐が吹き荒れた時期であった。

住建，不動産から始まり金融，流通，化学，アパレル，出版，自動車，鉄鋼，サービスに至るまで，どれ一つとっても産業界で活気のある業界はなかった。

第3章　実例で検証する「規制」の実態

　不況による業績不振が長期間続いたため，企業は収益改善策として人件費の抑制を考え，残業規制や採用停止，社内業務のアウトソーシングから出向・転籍，定昇廃止，賞与の大幅カットといった施策を実施して来たが，急速な業績回復は見込めず，仕方なく最後の手段として行なったのが人員合理化策としての「希望退職」であった。

　このようにして，「出向」や「希望退職制度」が，不況下における企業再生の手段に使われてきたのである。

　「希望退職制度」が，人事制度として募集期間を限定して公然と行なわれるのに対して，「出向」は陰湿なイメージが拭えない。

　会社の一方的な命令で社外に放り出す非合法な人員合理化策というイメージである。

　企業が予め選別した出向対象者に対して，人事部が計画した期間内に直属上司が面接を行ない出向を示唆する。対象者が出向に応じない場合は，アウトプレースメント会社に依頼して，企業内に「キャリア相談会」を設置し，そこで対象者にキャリアカウンセラーからセカンドキャリアを勧めたり，会社の期待に十分応えていない現状を説明し，「出向」を認めさせるのである。

　本来，「移籍型出向」は，出向元との雇用契約の合意解約になるため，当然，本人の同意が必要となるが，かつての銀行員が融資先に出向くような感覚で，「本人の同意」を前提とせず，会社が一方的に出向命令を出すことは法的に問題である。

　しかし，こうした感覚を持たずに，人事部が単に人事施策の1つと考えて，部門長経由で出向命令を出すことが多い。

　当然，ライン部門の上司も，部下に対して出向命令を出すことに何ら疑問を持たないのである。

　「出向」について十分な知識も思慮も持たずに全社の「労務管理のアドバイザー」のような顔をしている人事部員がいかに多いかという

ことである。労務管理の専門部門である人事部が、労働法や労働判例の知識を持たずに、毎日の人事業務を淡々とこなしている実態が垣間見える。

　会社の窓口となる人事部や総務部に所属する社員は、日常業務だけでなく、職場環境からキャリア開発、メンタルヘルスなどについて、従業員から相談相手として頼りにされる存在にならなければ一人前とは言えないのである。

4．「出向」の手順

「出向」の手順と仕組みは、以下のとおりである。
(1) 出向を計画する企業の人事部や人材開発部は、先ずアウトプレースメント会社に代表される人材サービス企業と業務委託契約を締結し、自社の社員の出向先企業を探すよう依頼する。
(2) 受注した人材サービス会社は、求人開拓担当者を通じて求人企業にアプローチをかけ、条件を確認した上で、求人企業の募集職種をリストアップする。
(3) 人材サービス会社は、作成した「出向求人リスト」を出向計画企業の人事部（「人材開発部」「人材開発センター」など）に持参し、人事部門経由で対象者に紹介する。
(4) 対象者は、「出向求人リスト」の中から希望の企業や職種があれば人材サービス会社経由で採用面接を行なう。
(5) 面接の結果、求人企業への出向が決定した場合、成功報酬（「紹介手数料」または、「再就職支援委託料」）として、1人70万円程度が出向元企業から人材サービス会社に支払われる。
(6) 一定の出向期間が経過すると、出向元企業の人事部は出向者に意向を確認の上、出向先企業に転籍する手続きをとる。

このように、出向や転籍の手順は、一見、合理的に進められるよう

第3章　実例で検証する「規制」の実態

に見える。

　ところが，実際は，対象者に対して「出向」を承諾させるために，就業規則に書かれている「会社は業務上の都合で社員を出向させることができる」という規定を根拠にして，本人に「同意」を強要，強制しているのである。

　業績不振に陥った会社が，人員合理化のために行なうリストラ策であれば，不採算部門に所属する社員や会社にとって，生産性の割に人件費負担の大きい50歳以上の高齢者を対象にした，希望退職制度による退職勧奨を行なうことは，やむを得ないと言える。

　しかし，会社の危急存亡の時ではない平時において，転籍を前提とする「出向」を強要することに果たして大義名分はあると言えるのだろうか。

　よく「転職支援制度」とか「転進サポートプラン」などと銘打って，年齢や部門，事業所などでセグメントした特定対象者に対して，「出向」をキャリア選択の1つに並べている会社を見かけるが，この場合における会社の本音は，生産性の低い社員の退職勧奨であることは間違いのない事実である。

　対象者に選ばれた本人にとっては，現在自分の担当業務や置かれている環境や労働条件に比べて，出向先の会社のそれらが勝るかもしれないなどと考える人はいないのではないか。

　通常は，現在の勤務先企業よりも小さな会社に移ることが多く，労働条件も悪くなることが常である。給与は3割程度は下がることが多く，福利厚生などの水準も後退すると思われる。

　「出向」は，対象者本人にとってはきれいごとでは済まされない深刻な問題なのである。

　このように，リストラの一環として行なわれる「偽装出向」が企業の雇用調整の手段に使われている現実に対して，労働問題を監督する

立場にいる行政の執行官は，定期的に企業の行動を監視し，適正な労務管理が行なわれているかどうかについて企業を指導することが必要である。

最近の企業の不祥事に対する行政の対応を見ると，問題が起きてから慌てて対処する姿が目に付くが，問題が起きないように事前に対策を採ることが行政の役割ではないか。

某新聞社の経済部記者の追及で企業の不祥事の実態が明らかになり，行政が後追い的に不正の実態を追認するなど，監督官庁の失態ぶりが浮き彫りになった事案を目にすることが多い。

「偽装請負」問題などは厚労省や地区の労働基準監督署などが当然，把握していなければならないような基本的な就業形態上の問題である。

おそらく，面倒な問題については「当事者になりたくない」「今は手を付けたくない」などという理由から，「有識者会議」や「諮問会議」などにバトンタッチして，とりあえず研究を続けているというスタンスでお茶を濁しているのが実情ではないだろうか。

「出向」に関しては，過年度からいろいろ問題が起きているので，既に知っている人も多いと思うが，次にこれまでに起きた個別紛争などについて触れていきたい。

5．「出向」のケース(1)　アウトプレースメント会社への出向

1990年代後半の日本の長期不況期は，大手商社や重厚長大産業の出身者がアウトプレースメント会社に「出向」することが多かった。

中高年の第一線を退いた社員に対して，自分の再就職先を探すようにアウトプレースメント会社に「出向」させるのである。この時の出向形態は「在籍出向」が多かった。出向者の原籍はあくまでも出向元の商社であり，給与や賞与も出向元会社から支給されていた。

ただ，労務提供の場所が出向先企業であり，提供する労務の内容は，

自分の再就職先を探すということである。

しかし、この種の人たちは、会社から命じられてアウトプレースメント会社に来ているだけで、本人には転職の意志などは全くなかった。

毎朝自宅を出ると、行き先は今まで通っていた勤務先ではなく、アウトプレースメント会社のキャリアセンターである。そこに朝の9時頃到着すると、受付に置かれた「来客者名簿」に名前と来社時刻を記入してから、好みのクライアントブースに入って、転職活動をするだけの毎日である。

しかも、転職の意志のない大多数の人は、クライアントブースにも入らず、喫煙室やキャンティーンで新聞を読んで時間を潰すことが多い。

本人は、出向元からどんな説明を受けて来ているのかはわからないが、とにかく出向期間が終了し、出向元の人事部から復帰命令が出される日まで大過なく過ごしていればいいとでも思っているようである。

これほど生産性の上がらない職場も少ない。何しろ、人と施設がムダに使われ、転職の意志のない人に給与が毎月、正確に支払われている訳である。

経営資源の3MといわれるMAN（人），MONEY（カネ），MATERIAL（モノ）（各単語の頭文字M×3＝「3M」）がムダに投下されているだけで、何ら生産性が上がらないビジネスモデルである。出向元の職場にはどのような説明をしているのか、対象者の抜けた穴をどうやって埋めているのか、何とも説明の付かない「人事異動」である。

6．「出向」のケース(2) 二重派遣的出向

日本IBMの野洲工場を京セラ株式会社に売却するというプレス発表があったのは、2005年8月のことである。

野洲工場は1971年の設立以来，IBM最大の生産拠点であった。したがって，事業の撤退には生産現場に携わったさまざまな人たちの想いが交錯したと察せられる。

「Yomiuri Weekly」（現，「読売ウイークリー」）2004年9月19日号の特集記事『あなたを狙う非道「出向」』の中に，日本IBM野洲工場の「出向」という名を使ったリストラの実体が克明に描かれた。要約すると，以下の内容になる。

日本IBM野洲事業所に勤務する20数人の社員は，2004年の年初に，会社から派遣会社P社への出向命令を受けた。

出向前に「出張研修」の名目で，神奈川県厚木市にあるP社の寮で合宿研修をすることになったが，実際にはマナー研修程度の内容であったばかりか，「派遣同意書」への署名までさせられたという。

出向させてから派遣させる，二重派遣的な人事を行なった訳である。

結局，労働組合からの抗議で研修は取りやめになったが，ここまでして雇用調整をする会社側の考え方や手法に驚かされる。

雇用調整は，会社の経営危機からやむを得ず行なう人件費抑制策である。会社が存続を賭けて行なう施策ならば，決して後ろめたい陰湿な展開を図るべきものではなく，正面から正々堂々と前向きに取り組むべき経営施策であると言える。

経営者は，日頃から顧客や従業員，株主，地域社会に対して，経営施策に関する説明責任が求められていることを自覚しなければならないのである。

7．「出向」のケース(3)　偽装出向

2006年10月6日付朝日新聞朝刊の1面に，「日野自動車1,100人偽装出向」の大見出しが出た。

要約すると，日野自動車は，2002年3月から人材会社14社から3工

第3章　実例で検証する「規制」の実態

表3-6　職業安定法で禁止する「労働者供給事業」

法　律	条　項	条　文
職業安定法	第4条第6項 （定義）	この法律において「労働者供給」とは，供給契約に基づいて労働者を他人の指揮命令を受けて労働に従事させることをいい，労働者派遣法第2条第1号に規定する労働者派遣に該当するものを含まないものとする。
	第44条 （労働者供給事業の禁止）	何人も，労働者供給事業を行い，又はその労働者供給事業を行う者から供給される労働者を自らの指揮命令の下に労働させてはならない。

場に約1,100人の労働者を出向の形で受け入れていたことが，東京労働局の立ち入り調査によって判明したという内容である。

　通常，工場における外部人材の供給方法は，人材会社からの派遣契約や業務請負契約による方法が採られる。この場合，労働者の就業管理や安全衛生，健康管理義務など，労務管理の責任が生じる。

　日野自動車の場合は，人材会社が「出向」契約を装って，労働者をメーカーの工場で勤務させ，対価を受け取るという形態を採っていた。

　これは，労働者の権利を無視した戦前の人身売買に通じる雇用形態であり，職業安定法で禁じる「労働者供給事業」に該当すると判断できるのである（表3-6）。

　労働者派遣法では，1年以上の継続雇用者に対してメーカーに直接雇用の申し込みを義務付けるなど使用者責任を明確にしている。

　「出向」形態にすれば，このような義務がメーカー側に生じることがないのである。

　日野自動車の場合は，使用者責任の回避という見方ができる。

　更に，「請負」契約では許されないメーカー側社員による指揮命令も，「出向」契約の場合には可能である点も，「偽装出向」がなくならない理由なのである。

また，2006年8月1日付朝日新聞朝刊には，「松下系社員請負会社に大量出向」という大見出しが載った。

　松下電器産業のプラズマテレビの製造会社「松下プラズマディスプレイ（MPDP）」が2006年5月に茨木工場でパネル製造を委託する請負会社に，松下社員を大量に出向させていたことが発覚したという記事である。

　その上，この工場は2005年7月にも「偽装請負」で行政指導を受けていたことがわかった。

　この時は，請負労働者を松下の社員が指揮命令していた実態を是正するよう勧告したものだが，この是正勧告に対して，MPDPは行政指導の1年後，行政の裏をかくような労働形態を採った。

　つまり，労働実態を「請負契約」のままにして，約200人の松下社員を複数の請負会社に出向させ，そこで請負労働者を指揮命令していたというのである。

　大阪労働局は「前例にない請負形態なので，調査して実態を確認した上で適正かどうか判断したい」と言っているが，「出向」を隠れ蓑にした「偽装請負」であることは明らかである。

　言い換えれば，こうした「偽装出向」がメーカーの一方的な不当収益を上げるための手段に使われていることを，労働行政官はもっと深刻に受け止め，「偽装出向」の違法性について企業に厳しい措置をとらなければならないのである。このような違法な実態に対し，行政当局が見て見ぬ振りを続けていれば，いつまで経っても多様性人材の有効活用や公平な雇用は確保されないのである。

8．「偽装請負」回避策としての「出向」

　今まで，「偽装請負」の実態については行政当局だけでなく，最大労組の連合でさえ放任してきた事実が明らかになった。

第3章 実例で検証する「規制」の実態

　連合の高木剛会長が朝日新聞のインタビューで，労働側を代表する立場の労働組合が責任を果たしていないという事実を認めた（2006年8月9日付朝日新聞）。

　労働ルールに関しては，以前から法整備が大幅に遅れていると言われ続けて来た。

　しかし，「偽装請負」が蔓延している事態を放任していていい筈がない。

　「偽装請負」の実態を直視すると同時に，早急に解決しなければならない問題であるという認識を民間労使は元より政府も官僚も共通に持たなければならない。

　また，このような日常的な問題を放置していて，日本の労働生産性など上がるはずはない。

　1990年代のバブル経済崩壊後，多くの企業では人件費の抑制手段として，非正社員を採用する動きが顕著になり，日本の雇用形態は多様化してきた。

　こうした情勢の中で，派遣と請負労働の混在した製造現場が俄かに注目され始めた。

　請負労働者が，メーカーの工場で正社員や期間従業員に混ざって生産に従事する姿は，既に1970年頃から常態化していた。この時の労働形態は，明らかに「偽装請負」と言えるものであった。

　人材会社の社員を発注先会社に出向させ，請負という形態を採りながら，実際は発注先会社が人材会社の社員の労働条件を決定し，指揮命令するという実態が存在していたのである。

　これは，労働者供給事業を禁止した職業安定法第44条違反に当る。

　「業務委託」や「請負」という名ばかりの違法行為が横行していたのである。

　これに対して，違法行為の取締りを強化して労働者供給事業と「請

表3-7　職業安定法施行規則第4条

法　律	条　項	条　文
職業安定法施行規則	第4条	労働者を提供しこれを他人の指揮命令を受けて労働に従事させる者（「労働者派遣法」第2条第3号に規定する労働者派遣事業を行う者を除く。）は，たとえその契約の形式が請負契約であつても，次の各号のすべてに該当する場合を除き，法第4条第6項の規定による労働者供給の事業を行う者とする。 一　作業の完成について事業主としての財政上及び法律上のすべての責任を負うものであること。 二　作業に従事する労働者を，指揮監督するものであること。 三　作業に従事する労働者に対し，使用者として法律に規定されたすべての義務を負うものであること。 四　自ら提供する機械，設備，器材（業務上必要なる簡易な工具を除く。）若しくはその作業に必要な材料，資材を使用し又は企画若しくは専門的な技術若しくは専門的な経験を必要とする作業を行うものであつて，単に肉体的な労働力を提供するものでないこと。

負」業務を区別しようと試みたのが，職業安定法施行規則第4条である（表3-7）。

このような状況を踏まえて，1986年7月，労働者派遣法が施行されたのであるが，これは先行する労働の実態に対して，厚労省（旧労働省）が，違法か合法かの明確な区分を行なうための基準を示した法律であった。

尚，派遣法施行前の同年4月には労働省告示では，従前の事務系の業務を中心に浸透していた，請負業と派遣業の違いを明記した「労働者派遣事業と請負により行われる事業との区分に関する基準」（「区分基準」）を公表している。

第3章　実例で検証する「規制」の実態

表3-8　労働者派遣法第2条

法　律	条　項	条　文
労働者派遣法	第2条第2号 (用語の意義)	労働者派遣とは，自己の雇用する労働者を，当該雇用関係の下に，かつ，他人の指揮命令を受けて，当該他人のために労働に従事させることをいい，当該他人に対し当該労働者を当該他人に雇用させることを約してするものを含まないものとする。

　労働分野の規制改革の中で，2004年3月から製造派遣が解禁になって以来，派遣と請負の区別が曖昧になっている企業の実態がクローズアップされてきた。これは，現実に目を背け，問題として顕在化させない労働行政に責任があることは自明の理である。

　労働者派遣法（表3-8）によると，派遣事業とは，派遣元会社と派遣先会社の間で労働者派遣契約を締結し，派遣元会社の雇用する労働者を派遣先会社に派遣し，派遣先会社の指揮命令を受けて派遣先会社のために労働に従事させる労働形態である（図3-7）。

　派遣元会社と派遣契約を結んだメーカーは，派遣社員の就業管理や労務管理，業務上の指揮命令を行なう権利があるのに対して，業務請

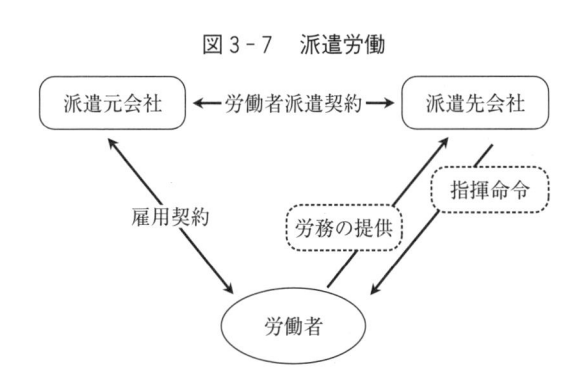

図3-7　派遣労働

図3-8 請負労働

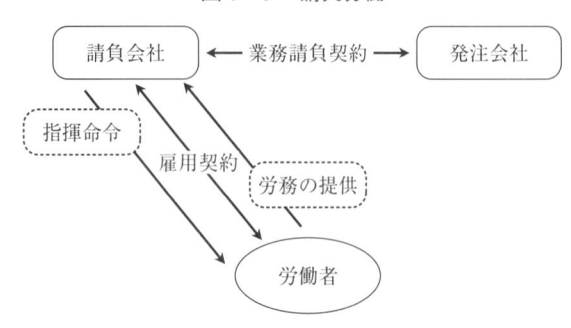

負契約を締結したメーカーは、請負労働者に対して直接、指示を出したり労務管理することはできない。

製造現場において、正社員と請負労働者が混在して生産ラインに従事することは認められないのである。

請負（図3-8）とは、民法第632条（表3-9）に定めるように、仕事の完成を目的としてメーカーが請負会社と締結する業務請負契約であるため、請負会社の社員である請負労働者は、メーカーの現場監督者から直接指揮命令を受けてはいけないと先の労働省告示で規定されている。

にもかかわらず、大手メーカーを初めとする多くの企業に「偽装請負」の実態があるといわれる背景には、今まで厚労省による指導が徹底していなかったこと、厚労省が労使の意見対立の調整役として労使の顔色を覗うような存在であったこと、政治的背景があったことなどが考えられる。

「偽装請負」が減少しない理由は、グローバル経済による競争激化の中、国内の製造業で生き残るために、安い労働力をオンデマンドで使え、リスクも少ないというメーカー側の都合のいい論理がある。

派遣社員よりも安く、安全管理に対する責任も曖昧な「請負労働

第3章 実例で検証する「規制」の実態

表3-9 民法第632条

法　律	条　項	条　文
民　法	第632条 （請負）	請負は，当事者の一方がある仕事を完成することを約し，相手方がその仕事の結果に対してその報酬を支払うことを約することによって，その効力を生ずる。

者」を，書面上は請負契約の形態をとりながら実質的には「派遣労働者」として業務の指示を行なっているのである。このような「偽装請負」の実態を放置しておいた行政の責任は大きい。

　また，違法行為を知りながら「偽装請負」を中断できないメーカーの総務・人事部門長の責任が問われても仕方がない。

9.「偽装請負」を内部告発した社員を隔離

　「3.4「出向先探査」という仕事」の「7.「出向」のケース(3) 偽装出向」で取り上げた，松下電器産業の子会社である松下プラズマディスプレイ（MPDP）の茨木工場に勤務していた請負会社の社員，Y氏は2006年5月，大阪労働局に対して，「松下は工場で違法な偽装請負を行なっている」と内部告発した。

　Y氏は，2004年1月から請負会社の社員として，茨木工場の製造1部製造3課パネル係で働いていたが，2005年3月，松下社員に転籍を迫られたのをきっかけに，自分の雇用形態の違法性を知ったという。

　内部告発の申告書を受け取った大阪労働局は，2005年6月，工場に立ち入り調査を行ない，松下に「労働者派遣法違反の事実がある」として是正勧告を行なった。

　その10日後，MPDPの人事が採った処置は，陰湿な企業体質をよく表す非人道的処遇であった。

　先ず，MPDPの人事は，Y氏を「直接雇用」の名目で説得し，そ

れまでの雇用形態を請負労働者から6ヶ月間の期間従業員に変更したのである。

次にY氏が指示された仕事は，今まで廃棄処分にしていた不良パネルの再生作業であり，作業場は黒いシートで囲われた外光の差し込まない隔離された部屋であった。Y氏は外部から遮断されたその作業場に，たった1人で不良品の再生作業に当たったが，不当な取扱いに我慢できず，ついに同年11月，損害賠償を求めてMPDPを大阪地裁に提訴したのである。

会社側が法廷で抗弁した内容は以下のとおりだが，これらのコトバから会社の何が読み取れるだろうか。

「個人の疎外感の緩和よりも業務上の要請が優先される」

「シートは帯電防止用。ついたては作業者がけがをしないよう設置した。隔離する意図はない」

「原告を何ら不利益に扱っておらず，かえって原告の要望に応じて直接雇用をしている」

10. 労災隠しに発展したトヨタの「偽装請負」

2006年3月，トヨタ自動車グループの部品メーカーであるトヨタ車体精工の高浜工場で，労災隠しが発覚した。

この事件は，朝日新聞の取材で明らかになったが，ケガをしたのは，請負会社の契約社員で，乗用車シートの組み立て作業中の事故で右手の親指を骨折したという。

この工場では，トヨタ精工が請負労働者に直接指揮命令する「偽装請負」を行なっていた。

業務中の労災事故の場合は，労働安全衛生法によりメーカーと請負会社の双方に労災事故の報告義務があるにもかかわらず，記者の取材があるまで放置していたということである。

第3章　実例で検証する「規制」の実態

　結局, トヨタ精工は愛知労働局から是正勧告を受けて, 同年8月, 請負契約を派遣契約に切り替えたということだが, この例は氷山の一角に過ぎない。

　「労災事故」を隠す原因が「偽装請負」という違法行為であるという企業のウソの連鎖には, 根本原因を除去する内部統制が必要不可欠である。

11.「出向先探査」という仕事

　これまで, さまざまな出向の形態を見てきたが, いずれの労働形態も適正な人事施策とは言えない。

　繰り返すが,「出向」を行なうには5項目の出向要件があり, この要件は,「出向」の必要条件と言えるものである。

　もちろん, 一番大事な要件は本人の同意である。

　いくら鈍感な人間でも現在の労働条件よりも悪くなるような労働環境の下で, 進んで出向に同意するようなお人好しはいない。そこには, 強制や脅迫を伴う上司からの執拗な面談が予想される。

　その問題の根底には, 日頃, 十分な労務管理のできていない部門長の責任がある。

　一方, 企業の人事施策として,「出向」を選択する職務権限は総務人事部門長や担当役員にある。

　しかし, 一般消費者の目にはそうは映らない。余剰人材を外部に放出している会社の姿しか見えない。

　他方, 出向先企業を探すことを委託された人材サービス会社は, 出向者の受け皿となる求人企業の探査を行なうことになるが, そこには出向対象者に選ばれた人材の気持など考えることもなく, ただ成功報酬を目的に探し回る, カネのためなら手段を選ばない企業の本心しか見えて来ない。

自分が同じ境遇であったらどう考えるか，人材ビジネスを行なうD社の営業部長は部下にどういって「出向先探査」という仕事を説明するつもりなのか，無責任な話である。

12. リストラの手段として使う「出向」施策

バブル崩壊後の日本企業に，すっかり定着した感がある雇用調整による人件費の削減施策は，その後の景気回復と景気の拡大局面においても依然として行なわれている。

雇用調整には，制度的時限的に実施するものと個別的通年的に行なわれるものとがある。前者は企業の経営危機回避策の1つとして，経営トップが全社に号令をかけて実施することが多いが，後者は日常の労務管理の一環として，上司が部下に対して退職を勧める形で行なわれることが多い。

業務の進捗管理がうまくできている部門の管理職は，部下の労務管理もうまくできていると言えるからである。部下の労務管理は上司の重要な役割の1つである。

管理職の役割は一言でいえば，ヒト，モノ，カネ，情報，時間，技術，ノウハウといった会社の経営資源を効果的・効率的に使って，部門の業務目標を達成することである。そして，これらの経営資源の中で最も重要な資源がヒトである。

部門管理は労務管理（Man management）が中心であり，管理職はそのために存在しているといっても過言ではない。

しかし，最近は，この「労務管理」ができない管理職が増えてきた。核家族化や共働き世帯が急増し，少子化の影響もあって，小さい頃からゲームなどで一人遊びをしていたという経験しか持たない子供が，会社に入ってそれなりの業務知識を覚え，業務経験を積んで来たら，ある時，管理職に昇進してしまったというところだろう。

第3章　実例で検証する「規制」の実態

だから，若い管理職ほど部下とのコミュニケーションをとることが苦手な人が多い。

一人ひとりの部下の個性や能力をうまく引き出せない管理職が，業績を上げない部下に対して，部下のキャリアアップを考えて仕事の指示を出すといった，指導を兼ねた仕事の進め方がわからないのである。

そのような管理職は，たいてい，部門の目標が達成できない理由を部下のせいにするため，ますます部下が離れて行き，ついには絶縁状態に陥ってしまう。

自分の部下の管理もできない管理職が，総務・人事部門に依頼して，部下を「出向」に出すことなど許されるはずがないのである。

自分の部下の労務管理の責任が自分にあることを自覚できない管理職は，雇用調整の対象になっても不思議ではない。

会社が経営施策を実施する場合，特に気をつけたいのは，人事に関わる施策である。

どんな場合においても，人という最も重要な経営資源の使い方を間違うと，会社が致命的な打撃を被ることになるということを，経営者は十分承知していなければならない。

3.5　Eメールの功罪

1995年は，インターネットの普及によって世界が一変した年といわれる。この年，アメリカではインターネットの普及率が全世帯の50%を超えた。

『ジャックウェルチのGE革命』の著者で有名になったミシガン大学教授のノエル・M・ティシーが，この年を境にしたAI（After Internet）とBI（Before Internet）というコトバを生み出したほどである。

つまり，BIの10年間で起こった変化が，AIでは1年で起きるくらい変化のスピードが速くなったという意味である。

こうした経営環境の中で，企業の戦略や戦術は変化に柔軟に対応できるスピード感が求められる世の中になった。

インターネットの普及によって，それまでの時間と空間の概念がなくなり，地球上のどんな場所にいる人とも瞬時に交信できる時代になった。

会社においてはパソコンが，1人に最低1台支給され，外出している時以外は，全員が一斉にパソコンのモニターに向かってキーボードを打っている姿が，オフィスでは当たり前の光景になった。

ここ10年間でオフィス環境は驚くほど変ってしまった。

最早，パソコン操作のできないビジネスマンは，年齢に関係なく旧人として扱われ，重要な仕事が回って来なくなった。

しかし，その一方で，正しい日本語の使い方やビジネスマナーを知らない若年社員が急増し，インターネットのEメールを使って失笑を買うシーンも増えてきた。

携帯電話が普及し，学校を卒業し社会人になる前から友達同士のコミュニケーションに，携帯メールを使う世の中になった弊害である。

通勤（通学）時間帯でも，駅のホームや電車内でも，周囲にはばかることなくメールを打っては返事を読んでいる姿を目にする。

こうした日常の習慣は，会社に就職し見かけは立派な社会人でも，学生時代と同じように続いているのである。

会社においては，企画業務やモノを考える仕事は苦手でも，社内の同僚や他部門の上司，取引先の顧客などに小まめにPCメールを打つことは忘れない。それが業務上の連絡事項だろうが，クライアントを訪問したお礼だろうが，クレーム処理だろうが，とにかく何でもメールで解決しようとする習慣につながっている。

第3章　実例で検証する「規制」の実態

　Eメールは，いつでも自分の好きな時に，相手の都合も気にすることなく出せるメリットがある。これまでの人生で，親や先生など他人から叱られた経験を持たずに，自分のやりたいことをやらせてもらって来た今の若年層には便利なツールであることに違いない。

　反面，Eメールの使い方を間違うと，会社での自分の立場が悪くなり，仕事に支障を来たすことになるという一面もある。

　例えば，組織上の職制を無視して，意見具申できるというEメールの利点を使って，直属上司を飛び越えてその上の上司に対して，直属上司の批判をすることもできてしまうのである。

　我慢することができない最近の若年社員の中には，仕事上の不満や自分の意に介さないことを上司から指示されたことに腹を立て，その上の上司や，中には社長宛にメールを出して，ストレスを解消しようとする社員もいると聞く。

　組織のフラット化で，情報の伝達や報告のスピードが速くなったおかげで，上司の意思決定も迅速に行なわれるようになったといっても，組織のルールを無視するようなことを容認していては，会社は成り立たない。

　一昔前は，部内会議で反対意見を言っただけで，先輩や上司から「そんないっぱしの意見は仕事を経験してから言えよ」と一喝されたものだが，今はそんなことをいう先輩や上司もいない。その代わりに，新人に心の中で思っていることを何でも躊躇なくメールを使って意見をいう習慣がすっかり身に付いてしまった。しかも，メールを送った相手から反論でもされると，その相手には金輪際，返信しないといった考えも徹底しているのである。

　だいたい，メールの文章は読み手に誤解を与えることが多い。したがって，相手の依頼を断るような場合やちょっとしたクレームなどは，メールより電話や直接会って口頭で説明したほうがスムーズに行くこ

とがある。ビジネスシーンなどでは相手と面と向かって話すコトバには加減が加わる上，こちらの表情も正確に伝わる。

　メールの弊害は，話し手の真意が伝わりにくいので，メールを出したことで却って悪い関係になってしまうことがある。相手に対してお礼や賞賛を内容とするメールは問題がないが，その場合にも受け手はメールよりも電話による肉声のほうが何倍もうれしいに違いない。

　また，メールの文章もいい加減な書き方が多いことに気づく。

　通常，話しコトバと書きコトバは区別するのが世間の常識である。

　つまり，上司に報告や相談するときには，多少，上司もため口を利くことも許されるが，メールではそれが許されないことに気が付かない部下が意外に多い。親のしつけが書きコトバにストレートに現れると言っていい。

　話しコトバは口語体だが，書きコトバは文語体を使うということを知らない若年社員が，上司に宛てたメールに口語体で報告や相談をする愚を犯すのである。

　例えば，メールの書き出しは「永島さん，お疲れ様です」という調子である。相手の肩書が事業部長だろうと支店長だろうと社長だろうと，皆同じ書き出しである。

　このようなことを一々注意する上司や管理職もいなくなった。自分のところに来たメールの書き出しが同じように「さん付け」であっても，心の中では「やれやれ，君とは，いつ友達づきあいをするような間柄になったんだよ」とつぶやきながらも，「まあ，今の若者じゃ，しょうがないか」と諦めているだけである。

　相手の顔を見ながら両肩を押さえて，「君ね，文章を書く時には，手紙だろうがメールだろうが，相手に失礼になるから，普段話しているコトバで書くようなことはしないで，きちんと文語体で書かないと恥をかくことになるよ」などと丁寧に教えてくれる管理職や先輩はい

第3章　実例で検証する「規制」の実態

ないだろう。

こんなことでは日本の尊い文化や伝統が失われてしまう。日本人として非常に情けないことであるが，誰もそんなことに気づく人はいないのである。

若年者の，この悪しき習慣は，会社内の正式な営業報告書や上司の不在時に残す「電話メモ」などにも波及している。

外出時の「電話メモ」に「永島さんへ」という書き出しで始まる紙切れをよく見かける。その時思うことは，「自分が離席中に，代わりに電話を取ってくれることは大変ありがたいことだが，この人は社会に出て初めて入社した会社で，マナー研修などを受けて来なかったのだろうか，可哀想な人だ」ということである。

おそらく，いずれ昇進して管理職になり，部下を持つようになった時，同じことを感じるか，そんなことは気にせずに会社人生を過ごすことになるのか，わからない。

今後，官公庁に提出する申請書類を書くことになった時など，官公庁の形式を重視する習慣をどう思うのだろうか。

モノゴトの基本や社会の慣習や常識を学ぶ機会に恵まれるかどうかは，その人の人生にとって非常に重要なことだと思う。

企業も好業績が継続し，過去最高益を更新するような決算を迎えている今こそ，会社の品格を保ち世間に恥じることのない社員を育成するために，就業規則に定められた服務規律やマナー教育を強化すべきではないだろうか。

第4章

人事制度における「規制」

　バブル崩壊後の日本経済の長期的な停滞に追い討ちをかけるように，1998年頃から消費者物価がマイナス成長に陥るなどデフレ経済の様相が鮮明になった。

　景気の停滞と物価の下落が共存した状態の中で，「モノづくり大国」と言われてきた日本の個別企業が，業績低迷を脱出するために苦肉の策として考えた人事制度が，世にいうところの「成果主義人事制度」である。

　市場におけるモノやサービスの需要に対して，供給が過剰になった結果，物価が継続的に下落した状態をデフレと呼ぶが，このデフレは，1980年代のバブル時代に企業が設備投資や不動産投資に走ったことに起因する。

　多くの企業が銀行から多額の融資を受けて投機に走ったため，不動産や株の価格が下がり，また，モノとサービスの供給過多の反動で物価が下がり，売上が減少する。そうなると，当然，企業に残るものは，遊休資産と多額の負債である。

　デフレによって収益が悪化した企業が先ず採る施策が，人件費の抑制策であるが，それだけでは社員のモチベーションは下がる一方である。

　頑張っている社員とそうでない社員の処遇に差をつける仕組みによって，社員のモチベーションを高め，何とか売上の回復を図ろうという考えから，「成果」を社員の評価要素の中心に置く人事制度を導

入するのは，いわば当然の帰結であった。

こうして企業が，収益改善のための人事施策として考えたのが，企業業績に対する貢献度を最もよく反映することができ，社員も納得できると言われた，「成果主義人事制度」である。

成果主義人事制度は，成果を測るツールに目標管理制度を使ったところに特徴があるが，目標管理制度自体は，新しい概念ではない。

2001年3月，朝日新聞の一面に「成果主義賃金，富士通見直し－先駆導入から8年『弊害』」という大見出しが出て，世間をアッと言わせた。

この後も，いろいろとマスコミに騒がれたことで，すっかり有名になった富士通の成果主義人事制度は1993年に導入され，1997年には武田薬品工業が同じく成果を基軸とした人事制度を再構築した。

ところが，富士通が2001年，成果主義の限界を感じて方向転換を図ったことで話題になったように，今では成果主義の反動として，成果を上げるためのプロセスに焦点を当てる新たな人事制度を構築する企業が増えてきた。

本章では，社員の処遇やキャリア形成に重大な影響を与える「人事制度」は，どのような規制を持ち，どのような問題があるのかという観点から，改めて人事制度の本来的役割と意義を考えてみた。

4.1 「勤続」の意味するもの

人事制度史を遡って眺めてみた時，「勤続」を要素とする人事施策は，かなり前から導入されて来たことがわかる。バブル経済が崩壊する前までは，日本の主要企業は「職能資格制度」を導入していた関係で，毎年の給与改定時の定昇原資やベースアップの配分原資の1つに「勤続給」が織り込まれていた。

第4章 人事制度における「規制」

「勤続」のコンセプトは，社員の仕事に対する「習熟度」であり，勤続年数が長いほど習熟係数も高まるという正の相関関係が成立するという考えである。

また，勤続年数はロイヤルティー（愛社精神）に相関があるとする考えから，歴史の長い会社ほど，「永年勤続者表彰」のような長期勤続を礼賛する制度が存在している。

「勤続」は，誰でも等しく歳月を積むことができるという点で「公平」であるといえる。会社という利益団体の従業員が，毎日ただ何もしないで年数を重ねることも可能である。

人間を「性善説」で捉えた場合，1年経過すれば1年分の経験が積めるため，知識や技能を使って問題を解決できる能力が身につくと考えるのは自然なことである。

それには，自分の置かれたポジションを考え，仕事の遂行に必要な技能を修得し，会社から求められる以上に会社に貢献しようという志の高さが必要になる。

他方，楽をしていい生活を送りたいという怠惰な性格も併せ持っているのが平均的な人間である。

つまり，「勤続」はそれ自体，「公平」な基準にはなり得るが，信賞必罰的な「公正さ」を要求される人事制度の要素としては，適さないと解すべきである。

今まで人事制度に「勤続」を入れている多くの会社では，処遇における年次間格差を是とする考えが人事制度の中心にあった。

公務員が評価制度を持たず，入社年次を基軸とした処遇体系を採っているため，年次管理を当たり前として来た影響なのかもしれない。次の事例は，処遇の中に「勤続」を導入した代表例である。

年度初めに立てた利益予算が年度末になって，大幅に目標を上回って予算を達成した会社の経営者が，税金を納める代わりに従業員に対

して特別賞与を支給したほうが得策であると考えるのは，ごく自然な成り行きである。そこで，経営者が主管部門の人事部に賞与原資の配分方法を企画させた時，よく見かけるのが勤続年数を基準にした方法である。

この時の配分方法は，一律10万円とはしないで，勤続10年以上の社員には20万円，勤続5年以上10年未満の社員には15万円，勤続3年以上5年未満の社員には10万円，勤続3年未満の社員には5万円を支給するというように，「勤続」を軸とした段階的配分方法を採る会社が多い。

この場合の「勤続」は，まさに「会社貢献度」とイコールに考えられているのである。

更に，こうしたケースでは，嘱託社員やパート・アルバイトなどの非正社員に対しては，金一封として1万円程度の報奨金を配分する会社もよく見かける。

このように，「勤続」には，その時々の政策決定者の恣意や主観が反映されることが多い。

その時の政策決定者の言い分が，「これまで長く会社に貢献して来た人たちに厚く配分するのが理にかなった方法である」ということだが，実際には，個人的な成果や貢献に対しては，その時々の賞与や昇給などで十分対象者に還元して「清算」している訳であるから，それ以降は，過去の栄光に対して表彰を繰り返していては，きりがないといえる。

その意味で，人事施策に「勤続」要素を導入することに合理性や公正性，納得性はないと断言できるのである。

今では，成果主義に逆行する「永年勤続表彰制度」を廃止する会社も多いが，廃止するタイミングも，生え抜きの人事部長や総務部長が勤続30年や35年を迎えて，会社から表彰を受けてから廃止しようと心

第4章 人事制度における「規制」

ひそかに決めている人がいるらしい。

このような志の低い人材が会社の主要部門の長になっている会社は、早期に交替させないと、会社の命運は尽きてしまうと考えて間違いないだろう。

4.2 「年齢」「定年」の意味するもの

1970年代における人事制度の主流は、「職能資格制度」であった。元々、この人事制度が誕生した背景は、それまでの総合勘案決定給といった年齢や性別、学歴、経験などを総合的に斟酌して給与を決定するという非常に曖昧模糊とした仕組みから、職務遂行能力を評価し、評価結果に応じた職能給と、生計費を基準にした年齢給を合算して昇給額を決定するという論理的メカニズムを前提とする仕組みに変更することによって、昇給のメカニズムをディスクローズし、昇給の仕組みをわかりやすくしたところに特徴があった。

その時期は、日本の高度経済成長が1973年のオイルショックを契機に終焉し、以後、減速成長を余儀なくされた頃であった。

日本的経営の特徴といわれた「終身雇用」「年功序列型賃金」「企業内組合」という三種の神器が注目を集め始めた時期でもあった。

「年齢」というコンセプトは、誰もが平等であることを前提にした、公平な人事制度を作る上で必要な要素であるといえる。その証拠に、1970年代の職能資格制度には必ずライフサイクル・モデルが制度設計のベースにあった。

勤続18年の高卒技能職35歳モデル賃金が春闘（「春季賃上げ交渉」、「春季生活闘争」の略称）で使われてきたように、高卒18歳または、大卒22歳の標準的労働者が、55歳の定年まで人事考課において標準評価（5段階評価の中間評価）の昇給額を取っていくと、どのような給与曲

線を描くかについて作図したものが，ライフサイクル・モデルである。

このモデルでは，大卒に例を取ると22歳で大学を卒業し，同年に会社に入社，26歳で結婚，30歳で第1子に恵まれ，35歳で第2子が誕生し，子供2人の標準4人世帯になるという設計である。

昇格に関しては，担当業務を習熟するのに必要な「標準滞留年数」を職能資格ごとに設定し，下位等級からスタートし各職能資格の職能要件を満たせば上位等級に昇格する「卒業方式」に則って設計された。

職能資格制度は，役職と資格を分離することにより，ポスト不足対策にも役立ったが，結果として運用が年功的になりがちであった。上位等級者の担当職務のレベルが低く，組織貢献度もたいしたことのない社員が多数発生するといった問題が生じることになった。

現在付いている職能資格の職能要件を満たした社員が上位等級に上がるという，エレベーター式の昇格基準を持つ職能資格制度においては，課長の能力がなくても課長と同等の資格に昇格することが可能であったため，管理職層が肥大化するという結果をもたらしたのである。

その後，この「卒業方式」の弊害を是正するための昇格基準として，昇格の条件は，上位等級の職能要件を満たしていることに改めた「入学方式」を採用する企業が多くなった。

また，職能資格制度は，職能資格数の多さと定昇制度を前提としているため，年功的昇格になりやすく，早期に導入した企業ほど中高齢者の給与負担が大きくなるという結果を生んだ。

「年齢」そのものは公平であるが，年齢に昇給をリンクさせた場合，すなわち，学歴別年次管理を行なった時，果たして全員の給与が組織貢献に見合う給与として妥当性を持つかどうかは，考えればわかることである。貢献度や成果から該当者の給与水準を考えるほうが妥当性が高いという結論になる。

仕事と給与の関係において，「年齢」を基軸に給与，等級（資格），

第4章 人事制度における「規制」

役職を決定することは、一見合理的に見えるが、年齢を基軸とする人事制度を運用していく内に、これらの相関関係は希薄であることがわかってきた。企業や個人の業績が上がらなくても毎年、定昇（＝昇給）があるという仕組みに、企業の経営者は納得できなかったのである。

長期不況期の業績低迷を経験した日本企業が、「成果と役割」を基軸に給与を決定する方式にシフトするようになっていったのは、自然な成り行きであったと言える。

ただし、この場合の「成果」は、一定期間の個人業績を意味し、「役割」は、会社が各等級に求める業務課題を達成するための権利義務のことを指している。

給与と仕事の相関関係を考える時、各人の役割等級を設定した上で、年度別の業務目標を達成したか、できなかったかという評価基準で昇給や昇格を決めるほうが対象者の納得が得やすく、頑張って目標達成に努力した人のモチベーションも向上することになるのである。

「3.2 改革に逆行するT大H女史の発言」において紹介したように、「学歴、性別、年齢、勤続」といったものは、本人の努力では変えることのできない属人的要素であり、こうした要素で人の処遇を決めることは、対象者のヤル気を阻害し、人事制度を硬直させることにつながる。

特に、勤続や年齢で人の処遇を決める年功的賃金制度は、人材の活性化という会社の期待を裏切る仕組みといえる。

アメリカの人事制度の主流は、仕事に相対的価値を基準にして序列を付ける「職務等級制度」であり、職務等級基準によって職務評価された社員の給与は「職務給」と呼ばれる。

簡単に言うと、仕事に値札が付いているのである。この職務給は、最もアメリカらしい給与の仕組みであると思う。

なぜなら,「同一(価値)労働,同一賃金」の大原則に適した人事制度であるという点で,コンセプトに一貫性があり,また,わかりやすいので従業員に納得感があるといえるのである。

　「定年」という企業の就業規則における設定も,高齢化の本格的な突入局面にあって,従来は企業が横並びに決めてきた55歳定年制が60歳定年に移行し,更に法的義務から65歳定年制を採るように企業に義務付ける時代を迎えている。

　改正高年齢者雇用安定法が2006年4月から施行され,企業は65歳までの雇用確保措置を講じることが義務付けられたのである。

　ある一定の年齢を「定年」として,定年年齢に到達した社員は自動的に会社を去るという定年制度に関しては,少子高齢化という時代背景の中で,日本の経済成長を持続するために労働人口の減少を抑制するという理由と,社会保障面からは年金の受給と年金保険料の負担のバランスが崩れるという日本の抱える宿命的な社会問題を解決するために,企業は定年制度の廃止を本気で考える時期ではないだろうか。

　日本の人口が2005年から減少し,本格的な人口減少社会に突入したといわれる。国勢調査によると,日本の人口ピラミッドは1960年にはどっしりした富士山型だったのが,2005年にはビア樽型へと変化したため,従前の「多数の若年層が少数の高齢者を支える」という構造が崩れ,「多数の高齢者を少数の若年層が支える」構図に急速な勢いで変化している。

　大過なく年齢を重ね勤続年数を増やす,「年齢」や「勤続」に頼った生き方は,これからの社会には通用しない。

　仕事の成果は,年齢と相関関係がないように,前例踏襲主義を助長する「年齢」を基軸とした人事制度や人材配置に企業の将来はないといって過言ではない。

第4章 人事制度における「規制」

4.3 コース別人事管理制度の弊害

コース別人事管理制度（＝「コース別雇用管理制度」）は，複線型管理制度とも言われ，1970年代後半から社員の昇進や昇格など，処遇面で単一でなく複数のコースを設定して，それぞれに分けて人事管理，雇用管理を行なう仕組みとして登場した。

人材の価値観の多様化に対して，企業側がニーズに応えられる人事労務管理制度を用意する必要が生じてきたというのが表向きの理由だが，企業の論理では，減速経済の進展に合わせて，

1．ポスト不足対応策
2．人件費抑制策
3．適正な人事異動策

という3つの施策を正当化するための受け皿という意味があったのではないかと考えられる。

いずれにしても，コース別人事管理制度が以下に示すように多様な人事制度として，企業の間に普及していったことは間違いのない事実である。

代表的なコース別人事管理制度には，「総合職」と「一般職」，「限定勤務地制度」，「専門職制度」の3つがあるが，これらの人事制度には，それぞれ誕生，導入，運用の背景がある。

本書ではこれらの人事制度が，企業の人材活用においてどのような規制になったかという観点から述べていきたい。

1．「総合職」と「一般職」について

1970年代後半に大手総合商社の一部が始めた制度で，女性社員を「一般職」と位置づけ，「総合職」の男子社員と区別する意図があった。

その上で，女性社員の内，将来の幹部候補生として出世コースを進む意欲と能力がある人材には，昇格試験に合格すれば「総合職」への職掌転換ができるように設定し，補助的業務に従事する一般職の女性社員と区別したのである。

この「一般職」と「総合職」という人事制度（表4-1）は，総合商社全体に拡大し，その後，小売業，銀行，保険，証券，建設業，製造業へと波及して行った。

このように，次々に広まって行った理由は，企業の人材活用の効率を追及する側面と労務コストの合理化を図る狙いがあったと見られる。

また，1986年4月の男女雇用機会均等法施行を契機に，コース別人事管理制度を導入する企業が多くなったと言われる。

この意味するところは，当時は男女別の人事管理を行なっていた企業が多く存在し，均等法の施行により男女別人事制度を改善する必要に迫られ，合理的な説明の可能な仕組みとしてコース別人事管理制度を急遽採用したというのがホンネのところである。

当初，企業が定義した「一般職」と「総合職」の区別は，バブル崩壊後，廃止する企業が現れてきた。

2003年4月から廃止した日興コーディアルグループは，給与制度を年功的運用から成果主義体系に一本化するためであったが，以前から私は，社員を「一般職」と「総合職」に区分する考え方に疑問を抱き，講演や外部セミナーなどを通してコース別人事管理制度の問題点を指摘してきた。

私のこの制度に対する批判の根拠は，1970年代に定義された時の経緯がそもそも間違いの元であるという考え方から来ている。

つまり，性別による能力差は認められないというのが私の見解である。男性は能力が高く転勤も可能だから「総合職」にできるが，女性は企画立案能力がなく転勤もできないから「一般職」にするという，

第4章 人事制度における「規制」

表4-1 「総合職」と「一般職」の定義

総合職	長期勤務を前提として，計画的に定型的業務から非定型的業務を経て基幹的・判断的業務へと経験を積むなど，中長期のキャリア形成により将来的に企業経営にとって基幹となる人材育成を図る層をいう。国内外の転勤や異動がキャリア形成過程において必要とみなされる。
一般職	補助的業務，定型的業務，定例的業務と段階を踏むが，実務や職能経験の積み重ねの範囲までとする層で，キャリア形成上，国内外の転勤や異動は要件としない。

出典：『人事・労務用語辞典』日本経団連出版，2003年

何の合理的な根拠を持たない人事制度は，従業員の納得性が得られないばかりか，全社員のモチベーションの低下をもたらすと考える。優秀人材かローパフォーマーかなどを判断するのは，実際に同じ仕事をさせてみて，成果によって判断すべきことである。

ここに来てようやく，私の論理を後押しする法律が成立した。2007年4月に施行される改正男女雇用機会均等法は，「性差別禁止法」という性格を全面に打ち出したのである。

今回の改正では，日本の人口減少社会において労働者が性差別を受けることなく，その能力を十分に発揮できる雇用環境の整備という課題に対応したという意味で非常に意義深い。

特に，コース別人事管理制度において，「総合職」に占める女性比率がわずか5.1%という実態（厚労省「コース別雇用管理制度の実施・指導等状況」2005年8月発表）を踏まえ，男女雇用機会均等法施行規則（省令）において，間接差別の禁止条項として，コース別人事管理制度の「総合職」の要件として女性を差別することを禁止した。

すなわち，「改正男女雇用機会均等法施行規則」第2条において，間接差別を禁止する3つの事項を規定したのである。

(1) 労働者の募集または採用に当たって，労働者の身長，体重また

は体力を要件とすること。
(2) コース別雇用管理における「総合職」の労働者の募集または採用に当たって,転居を伴う転勤に応じることができることを要件とすること。
(3) 労働者の昇進に当たり,転勤の経験があることを要件とすること。

具体的には,従来の「男子社員は全員が『総合職』で,高卒女子は『一般職』,4大卒の女子社員は来年度から全員『総合職』にする」などと規定することが禁止されたということになる。これらの要件が,何の合理性も論理性も持たず,第三者に対して何の説得力も持たないということに,ようやく行政が気づいた証拠である。

2．限定勤務地制度について

限定勤務地制度は,社員の就業意識の多様化と企業の高齢化対策として,1970年代後半に誕生した制度である。

やはり,1986年に施行された男女雇用機会均等法に対応して普及したが,コース別人事管理制度と同様に,転勤を条件に処遇に格差を付ける合理性に欠ける人事制度である。

会社の定期人事異動の際に,転勤要員が必要だとする会社側の事情はわかるが,勤務地を処遇のベースに考えることが人事制度の硬直化につながるのである。

また,「全国社員」と「地域社員」という分類を前提とする人事制度は,企業に対しても,社員に対しても何ら付加価値をもたらさない。全国社員が国内,海外の支店に転勤可能で,地域社員は自宅を中心とした一定地域において業務に従事する「限定勤務地」という呼び方にも,企業の一方的な押し付け感や「差別的な規制」が感じられる。

しかも,限定勤務地社員には転勤がない代わりに昇進・昇格におい

てハンデを持つことが一般的であり，昇給でも全国社員に比べて低く抑えられるのが通常である。

このように，合理的な説明の付かない人事制度は，その適用対象となる人材のヤル気を削ぐことになるばかりか，本人の能力や成果と全く関係のない要素を制度の基軸に置くことの無意味さは，制度の適用対象者になってみないと気がつかないことなのかもしれない。

何事も経験から学んで改善する人材が秀才であり，経験をしなくても考えてわかる人材が天才である。

限定勤務地制度のメリット，デメリットを考えるまでもなく，人材を経営に生かすことを役割とする経営者であれば，こうした人事制度の良し悪しは，少し考えればわかりそうなものである。

3．専門職制度について

ペットトリマーなど，専門的な技術を持った人のことを指す「専門職」とは違った意味で使う「専門職制度」は，企業の雇用管理制度の一環として，事業部長，部長，課長など部下管理の責任を持つ「ライン管理職」と区別して定義される。

簡単にいえば，職能資格制度における上級職に位置する幹部社員について，部下を使って部門の目標を達成することを使命とする幹部社員を「ライン管理職」と定義し，部下を持たずに専門性を追求する幹部社員を「スタッフ専門職」と称しただけのことである。

よく耳にする話に，雇用形態や就業形態の異なる人材が誕生した背景を人材の価値観の違いにあるとし，企業はその受け皿を用意することが人材の働き方の選択肢を充足することにつながるという理屈で「多様化」を説明するが，こうした考え方自体が企業の一方的な論理から成り立っているのである。

もともと「専門職」は，複線型人事管理制度の1つとして登場した

概念であるが，社員の希望を反映して設定した制度ではなく，あくまでも組織ニーズによって，社員を専門職と管理職の2種類に分類しただけのことである。

また，キャリアパスの中で専任職（エキスパート職），専門職（スペシャリスト職）を経験することが，管理職（マネジメント職）になるための条件にする会社が一般的であることを考えると，専任職コースと専門職コースは並列であって，管理職になるための1つのステップに過ぎないという位置付けとして捉えられる。

松下電工の「職群グレード制度」では，プロフェッショナル職（マネジャー）とエキスパート職（技術系専門職），マイスター職（技能系専門職）の3コースの内，対象者の希望によってコースを選択できるようになっているが，プロフェッショナル職コースを選択した社員は全員が転勤対象という取り扱いになるということである。

いずれにしても，「専門職制度」は企業の都合によって設計された人事制度であり，合理的な説明で社員を説得することは困難であることに変りない。

実際には，高度の専門的能力を活用し，付加価値を創造する目的を持つ専門職だけではなく，高齢化，高学歴化の結果，不足した管理職ポストの代用として設定した名目的な専門職が存在するという現実は隠せないのである。

このような主旨で設定した専門職は，「原則として部下を持たず，特定の専門分野について研究し，専門スタッフとしてライン管理職にアドバイスする」という役割定義を持つ。

また，専門職は部下を持たないため，当然，部下の育成責任もない。

しかし，現実問題として，果たして部下を1人も持たずに担当業務を遂行することができるのだろうか。

部下を持って仕事をするのがいいのか，部下を持たずにコツコツ仕

第4章 人事制度における「規制」

事を進めるのが効率的なのか,ということは組織の中で業務目標達成のために行なう管理者であれば明白である。

一般的に,「専門職制度」導入には以下の3つの目的があるとされる。

(1) 技術革新に対処する専門能力の育成と適正処遇の実現
(2) 組織の効率化の実現
(3) 能力主義,適材適所主義の具現化

これら3つの目的のうち,(1)の「専門能力の育成」に関しては,業務に特化した専門能力を身に付けることが,専門職に特有の条件だとは言えない。

経済のグローバリゼーションが進み,企業間競争が国境を越えて激化の度合いを増している現状を踏まえると,企業間競争を勝ち抜き,企業の優位性を確保するためには新規情報を収集し,有効活用することが優秀人材の条件になることは言うまでもない。

「専門職制度」における専門職も管理職も専任職も共通に,業務関連の専門知識を修得することが求められている。専門知識や専門スキルの修得を怠っていれば,現在,身に付けている知識や技術はすぐに陳腐化してしまい,競合他社の新技術開発のスピードに追い付けなくなった社員や会社は,時代に取り残されてしまうからである。

(2)の「組織の効率化」という意味は,昇進ルートを複線にして企業のポスト不足の実情に対応するという意味なのか,組織間の有機的結合を強固にするということなのか,全社業務を分業する際に複数のコースを設定したほうが業務効率が向上するという意味なのか不明だが,これらが理由であったとしても,専門職制度を導入する合理的根拠にはならない。

(3)の「能力主義の実現」や「適材適所主義の具現化」という目的については,対象者本人にコース選択の自由度があれば,ある意味可

能であるといえるが，前述したように個人のニーズよりも組織のニーズが優先されるという現実の前では，このようなきれいごとの目的が納得性を持つとは考えられない。

4.4 評価の「公平性」「公正性」は「納得性」より優先すべきか？

　行き過ぎた成果主義の反省から，評価要素にコンピテンシーを導入したり，成果を上げるためのプロセスにウエイトを置く評価制度を再構築する企業が見られるようになった。

　バブル崩壊後の業績低迷からV字回復を目指す企業が，短期間に業績回復を図る手段として，業績評価の中心に目標管理制度を置く評価制度が主要企業の8割以上になった。

　この結果，チームワークを軽視した個人プレーに走る社員が増加する一方，目標達成を意識するあまり短期的な目標を設定する傾向が顕著になった。

　しかし，企業のこうした動きとは反対に，業績が思い通りに上がらないばかりか，組織内の人間関係がギクシャクするなど成果主義の弊害が現れて来た。

　この現象を受けて，各企業は，業績を上げるために必要なプロセスに着目した評価制度を再構築するようになって来た。

　個人の年度目標の成果に照準を当てながらも，チームワークにも配慮するという，人間関係や組織を重視した成果主義に変更する動きである。

　「他人から評価されたい」と思う気持は，人間であれば誰でも持つ感情であるが，この「評価」ほど難しいことはない。

　現代は「格差社会」と言われ，今，「格差」が与野党の争点になっ

第4章 人事制度における「規制」

ているが,格差を生み出す原因は他人からの評価である。

評価の高い人は評価の低い人に比べて,いい処遇を受けることができるから,誰でも「高い評価」を受けたいと思う。人も企業も同じである。

一般に,企業の市場における評価は,時価総額によって判断されるが,社員の場合は,部門の上司による評価結果が全てである。評価結果によって処遇が決まる仕組みなのである。評価結果は,給与や賞与の金額だけでなく,昇格や昇進の基準にも使われる。

格差問題の背景にあるのは,「今の処遇が正当に評価されなかった結果であり,不当な評価の累積が格差につながった」という不満がくすぶっているのである。評価の難しさは,人が人を評価するという根本的な仕組みにあると言われる。

「人が人を評価する」ことの難しさの理由は,人間は感情の動物であり,喜怒哀楽の感情があるからこそ人間らしさがあるという根源的な問題に内包されている。

恣意や感情を挟まない評価が望ましいといっても,所詮無理な話である。意識して感情を押し殺そうとしても,人間らしさが出てしまうのが常である。

私も度々クライアントの「評価者研修」の講師を担当する機会に恵まれるが,その都度強調するのは,「評価者が100％主観を排除するということは無理なことだから,極力排除するように心がけて下さい」ということである。

また,「評価される被評価者が納得できる評価を行なう」ことが大切であり,「被評価者の納得性は,公平・公正な評価を行なうことに優先する」と説明している。

もちろん,「被評価者の納得性」といっても,部下の機嫌を取るために甘い評価をするということではない。上司が付けた評価結果につ

いて，部下が納得するまで評価のプロセスを説明するという意味である。

「自分では今期は頑張ったのに，なぜB評価になったのか？」という部下の疑念を取り払ってあげる説明責任が上司にはあるということを念頭に置いて，評価面接や評価のフィードバックを行なうことである。

2006年9月に担当した大手損保会社H社の評価者研修において，どうしてもこの意味がわからないという社長がいた。

尚，私の実施する社員研修は，すべてカスタマイズ方式を採っている。「コーチング」「リーダーシップ」「評価者研修」などのテーマで社員研修を依頼された時，研修プログラムを決める前に実施するのが，クライアントの管理職や研修参加者の内，選抜した数名に対して行なう事前ヒアリングである。

クライアントの社風，研修ニーズや業務内容，社内で実際に起きたことのあるトラブルや社員の仕事観，人生観などを聞いた上で，研修プログラムを作成し，それをクライアントの人事部長や経営幹部に提示して意見を伺い，最終的に研修プログラムやテキストなどのコンテンツに落とし込むという方法を採っている。

使用するテキストも，一回一回書き起こすことになるので，とても手間がかかる反面，研修当日は対象会社のことを隅々まで知り尽くしているという自信から，堂々と余裕を持って研修ができるのである。

H社の「評価者研修」においても，「中間面接の留意点」という章で，評価者は被評価者の納得するまで話し合うことが重要であるということを繰り返し強調した。

その研修で，H社の管理職40数名が，整然と着席する研修室の最後列に，オブザーバーとして聴講していたE社長がスッと手を挙げて質問した。

第4章 人事制度における「規制」

　「今,永島先生の講義された話の中に,公平な評価よりも納得性の高い評価が,部下の信頼を保つことになるというようなところがありましたが,当社では日頃,ここにいる管理職に対して,部下の納得性よりもいかに部下を公平に評価することが大事かということを指導しているので,今,先生の言われたことには納得しかねます。この研修も,評価者である管理職が,どうしたら部下を公平に評価できるようになるかということを目的にしているのですから……」という厳しい口調の質問であった。この質問に対して,私は次のように返答したことを覚えている。

　「確かにE社長のおっしゃるように,評価の公正性や公平性ということは非常に大切なことであり,本日の研修も,そのことについて,事例を挙げてご説明したつもりです。しかし,正直なところ人間は所詮,人間としての感情があるため,部下全員に対して公平に評価したつもりであっても,個人的な好き嫌いの感情が入り込んでしまうのはやむを得ないことなのです。それこそ聖人君子でもない限り,自分の感情を押し殺して公平に付けたつもりの部下評価も,部下の目から見た時には特定の個人をえこひいきしているように映ってしまうことさえあります」と前置きした上で,次のように続けた。

　「面接の目的の最大のものは,被評価者の納得性を得ることなのです。評価の納得性を確保するということは,評価結果の妥当性と評価に至ったプロセスを部下が納得するということです。部下にとって上司の評価結果を受け入れる場合,評価そのものよりも評価のプロセスをどう理解してもらえたかということのほうが大事なことなのです。この意味で,「公平な評価」よりも先ず,「納得性の高い評価を行なうこと」が部下との信頼関係を保つことにつながってくるといえるのです。その意味で,日常のコミュニケーションは,「評価の納得性」の前提ということができます」という説明をした。

残念なことに，質問をしたE社長は納得できないというような渋い顔つきで聞いていたので，私は，更に次の説明を付け加えた。
　「最も大切なことは，評価結果が被評価者にとって期待に添わないものになったとしても，『なぜこのような評価になったのか？』ということを上司が十分説明し，被評価者の納得性を高めることによって，やり残した課題に再度チャレンジするように部下のモチベーションを高めることなのです」というと，E社長からはそれ以上の質問はなかった。
　数日後，H社の人事担当者から聞いた話では，その日の「評価者研修」が終了し，私が帰った後，再度受講生の管理職全員を研修室に呼び付けると，「先程の講師の説明は誤解を招くことになるので，訂正します」と前置きした上で，「当社の目指すところは評価の公平性で，部下の納得性ではありません」と断言したそうである。
　その時の受講生の反応はどうだったのか，私の窺い知るところではないが，そこまでして実施した研修の効果はどうだったのであろうか。この会社は，何を研修しようとしたのか，「評価者研修」を企画し，実施したE社長の気持を最後まで察することはできなかった。
　時期を重ねるようにして，保険金の不払い事故が相次ぎ，当事者となったH社は，その対応に追われたという話が聞こえてきた。

4.5　対象者に選択権のない「コース別人事管理制度」

　これまで述べてきた3つのコース別人事管理制度は，そのいずれをとっても共通しているのは，制度の適用を受ける対象者本人にコースの選択権がないということである。
　というのも，コース別人事管理制度の目的は，会社が用意した「当り券」が誰に行くのかが決まっているくじ引きのようなものであって，

第4章　人事制度における「規制」

本人には全くといっていいほど選択の余地がないからである。

つまり，予選会で決定した対象者に対して，極力本人のプライドを傷つけないようにしながら，あたかも本人の自由意志でコースを選択したかのように見せかけることによって，処遇に納得性を持たせるように仕組んだシナリオが用意されているのである。

このようなコース別人事管理制度は，その時々の会社の経営方針や戦略的意向や経営状態などを反映して実施される人事施策といえるので，ある意味やむを得ない手段とも思えるが，やはり，人事制度を客観的に見た時，会社の後ろめたさが感じられる。

会社が新規に人事制度を導入する場合は，既成概念や他社の事例や前例主義という「規制」を排して，純粋に会社と従業員の将来の満足感や納得性に配慮して決定すべきである。

人事施策は「明瞭」「簡潔」「納得性」をコンセプトにして企画立案されたものでないと，制度としての定着性，浸透性は望めない。人事制度を眺めた時，誰にでもわかる透明性が確保されていることが重要なポイントなのである。

人事制度の仕組みが煩雑ではなく，論理的合理性を持ったものであれば，誰にでも納得性が得られる。世の中の制度や仕組みは，その適用対象者が納得して初めて長期に定着が図れ，実効性あるものになる。

そもそもコース別人事管理制度導入の目的は，何にあるのかという素朴な疑問に対して，正確に答えることができる人事労務の管理職がどのくらいいるだろうか。

いくら技術的に優れた制度を構築し，会社に導入しても，構築した人事制度の内容に対する不満から優秀人材（ハイパフォーマー）が会社を見限って同業他社に行ってしまい，反対に，会社にとってお荷物の不良人材（ローパフォーマー）ばかりが残留してしまっては，会社の発展は望めない。

新たに人事制度を導入する場合に大切なことは,「この制度は何の目的で導入するのか」「制度を導入することによって従業員にどんな影響が出るだろうか,優秀な人材が会社を辞めてしまわないだろうか」「制度の導入が優秀人材のリテンション(引き止め)策として有効だろうか」ということを考えた上で実行しないと,制度の導入が会社の弱体化につながりかねない。

　また,企業が成長・発展し,やがて世界最大級のビジネス誌「FORTUNE(フォーチュン)」から"Most Admired Company"(最も賞賛に値する企業)という称号がもらえるような優良企業の仲間入りを果たす前提として,会社の従業員を初めとする会社のステークホルダー(利害関係者)に理解されないような経営施策や人事施策は,決して採るべきではない。

　日本や世界の"Most Admired Company"になるための条件は,会社の顧客,従業員,株主,取引先企業・銀行,地域社会の理解が得られるような経営施策,人事施策を構築し,実践していくことが最も重要なことであると力説したい。

第5章

「聖域なき」規制改革の断行

　これまで見てきたように，企業における「規制」は部門や個人に関係なく，あらゆるところに存在する。「規制」が既得権益の温床といえる所以である。

　国家レベルの規制改革は，「金のかからない政治」を実現する目的で始めた1988年のリクルート事件以来の長い行財政改革の歴史があり，最近では郵政事業民営化や公務員制度改革などが，その対象になっている。

　ところが，公務員制度改革1つ採ってみても自民党の族議員や省庁の反発が強く，なかなか前に進まないのが実情である。

　2000年12月に政府が打ち出した行政改革大綱では，「公務員の信賞必罰的人事制度」の導入，2001年12月には「能力等級制度の導入や再就職ルールの適正化」が公務員制度改革大綱に謳われ，更に，2004年12月には，「国家公務員給与の見直し」を柱とする「今後の行政改革の方針」が出された。

　こうした改革の提案にもかかわらず，国家公務員の給与制度については労働組合が成果主義の導入に反対し，官製談合の温床と批判される各省の天下りあっせんの解消には自民党から時期尚早という声があがるなど，既得権益の恩恵に預かる抵抗勢力の反発が根強い。

　しかし，既得権者からの反発や抵抗があるからといって，何もしないで現状を看過するような態度では，国家においても民間企業においても，将来的に衰退の道を辿るだけである。

言うまでもなく国家や企業という組織体は，決して無人格な存在ではなく，意思を持った人材の集合体である。

　この意志のある人材の集合体が，私利私欲のために組織を利用する道を断ち切り，組織を健全な姿に復元しなければならない。

　そのためには，まず身近なところから最初の一歩を踏み出し，1つの課題が解決したら次の課題というように，順次，改革の方向性を見失わないようにすることが大切である。目標を決めて前進してさえいれば必ずゴールには到達するが，その途中では新しくいくつかの規制が生まれるかもしれない。

　本書のところどころで論述して来たが，法とルールを守らないはき違えた自由は，社会の秩序を乱す行為として許すことはできない。内部統制ルールや会社法，企業改革法などの法整備が進む背景には，マーケットのルールを自分に都合よく解釈する人間が後を立たないからである。

　2008年度の内部統制ルールの導入を前に，内部統制ルールに対応した社内監査や評価報告書を国に提出する義務があるため，巨額の投資をしなければならないという実態を見るにつけ，日頃の労務管理，業務管理をミッションとする企業の管理職は，今まで何をやってきたのかと問わざるを得ない。

5.1　大学全入時代における規制改革

　大学全入時代に突入し，社会から「選ばれる」大学を目指して，全国750あまりの大学が大学改革を推進している。

　少子化で18歳人口が年々減少し，大学志願者数の減少に歯止めがかからない一方で，公立大学の新設や私立短大の4年制大学への改組で，年々大学数と定員は増加している。

第5章 「聖域なき」規制改革の断行

　大学と短大の入学志願者数が募集定員と同じになり，入学志願者が大学を選ばなければ計算上は，全員が入学できるというのが，2007年から始まった「大学全入時代」の特徴である。

　実際には，人気の高い大学には志願者が殺到するが，人気のない大学は，ここ数年定員割れする状況が続き，中には経営破綻に陥る私大が出てきた。2006年度に定員割れした私大は全体の4割を超えたという。

　こうした状況の打開策として，大学間で生き残りをかけて合併する動きが出てきた。

　他方，大学改革の前提になるのが，教職員の意識改革である。

　職員に対しては，「教育は民間企業と違い，利益を追求することが目的ではない。ヒューマニズムに基づく人格形成と社会貢献という役割を担っている」という従来の偏った思想から，社会や時代の変化に合わせて，大学の役割は変わるべきであるという，柔軟性を持った思想に変えることが求められている。

　これに対し，教員の中には，「自分は，教育と研究の役割を果たしていればいい」と考え，籍を置く「大学の経営については考える必要がない」と思っている人が少なくない。

　教員の本分は，教え子が社会に出て大学での研究成果を生かすことである。そのためには，大学教員には，自分の専門分野の研究・教育の水準を高め，学生が社会に出てから役に立つ実学として応用できるような教育や研究を行なうという姿勢が望まれる。

　現在の大学の入試形態は，学力試験の成績によって合格者が決まる一般選抜と推薦入試・AO（アドミッション・オフィス）入試の2通りの方法があるが，一般選抜の出題科目と科目の選択方法なども絡んで，非常に複雑な感じである。

　また，せっかく志望する大学に入学ができても，大学生活の過ごし

方を計画的に効果的に実践できている学生は少ない。

　たいていの学生は、受験勉強に10代の持つ全エネルギーを使い果たした挙句、大学に入学できた途端、糸の切れた凧のように勉強のことはすっかり頭から抜け落ちてしまう。

　それほどのことはなくても、希望の大学に入れても、何を勉強していいかわからず、取りあえず選択教科についても、今までの受験勉強と同じスタイルで勉強していこうと考えて、折角のキャンパスライフをムダにしてしまう学生も多い。

　これは、1つは、大学における正しい勉強方法を教えてくれる人が周囲にいないことに原因がある。高校時代と違い、大学というより広い社会で生活するという環境に飛び込んだものの、今までの生活が受験勉強の明け暮れで、ホンネで話し合う友達がいない現代の若年者に共通している特徴は、コミュニケーションのとり方を知らないことである。このことも大学生活をうまく送れない一因になっている。

　大学時代の勉強方法は、それまでと違い、詰め込みスタイルではなく、研究テーマに対して深く掘り下げて考えることである。

　高校までの勉強は、英単語やイディオムや定理や公理・公式を丸暗記すればよかったが、大学における勉強方法は、モノゴトの本質を追求して社会に応用することが目的なのである。

　大学の存在意義を考える時、こうした教育・研究環境を提供できる大学が生き残る価値のある大学と言えるのではないだろうか。

　大学改革における抜本的な改革は、従来の、入試に重点を置く「入学方式」をやめて、入学を希望する学生には広く門戸を開き、入学後の自発的な勉強の成果を厳しい単位認定や進級試験で確認するといった「卒業方式」に転換することが必要ではないだろうか。

　2007年度の大学入試では、関東近県の国公立大学が昨年までの私立大学の上を行く推薦入試枠の拡大策を採ったといわれる。受験生の減

第5章 「聖域なき」規制改革の断行

少で「大学経営の危機」を認識した地方の国公立大学が、対応策として特別選抜を6月から開始し、前年まで20％程度の推薦入試枠を一挙に50％近くまで拡大したのである。

そうとは知らずに、例年どおりの計画を立てていた私立大学がその煽りを食ったのは言うまでもない。

この国公立大学の予期しない行動は、受験者数の減少から来る危機意識がそうさせたのか、大学の役割がただ単に社会現象を追随するような勉強ではなく、あくまでも本質を追求するためにあることに気づいた結果なのかはわからない。

いずれにしても、入試のためのムダな勉強にそろそろ終止符を打たなければならない時期に来たと言える。

これからの日本の大学のあるべき姿は、高校までの受験勉強の中身や勉強方法を継続的に発展する場ではなく、大学時代という人生の中でも一番、知能の発達した時期において、人格形成に必要な学問を通じて社会や経済の仕組みを理解し、社会、経済、文化の発展・振興・国際競争力の確保といった国家戦略上、重要な役割を果たすこと、また、将来の課題を発見し、解決する能力を身に付けるために努力することが社会から要求されている。

そのためには、学生が担当教師の学説を覚えたかどうかについて、定期試験で試すような授業は行なうべきではない。大学は、社会現象の裏にあるモノゴトの本質を見抜く力を養う場として大学を活用することが重要である。大学では過去を学んで、法則性や真理を発見し、それを未来に役立つように工夫することのできる創造力や先見力、独創力を身に付ける勉強をすべきである。

大学という場が、専門性を身に付けるためだけの教育機関ではなく、活力ある社会の持続的発展を図るため、地域社会、経済社会、国際社会などに対する社会貢献を果たすことを目的とした、高い倫理観、公

徳心を持った学生を養成するための学問の府となるよう，教育改革関係者は元より，大学に従事する教職員は，真剣に考える時期に来ている。

5.2 組織活性化の方程式と企業内抵抗勢力

こうして見てくると，企業の不祥事の原因やその対策の遅れが企業経営者の考え方そのものに根ざしていることが浮き彫りになってくる。経営理念や経営方針がいくら立派でも，信念や志が低く，私利私欲に溺れてしまっては，企業の存在価値を議論する前に経営者としての資質を疑わざるを得ない。

当事者意識に欠けるだけではなく，人間性に欠けている経営者が会社を創設し，世のため人のために尽力しますということを平然と言ってのける。儲けのためなら何でも手を染める。不正な会計処理だろうが，粉飾決算だろうが，ガス器具の誤使用だろうと自分には一切関係ないという態度が表面化する。

その証拠に，マスコミの取材でどこか1社が矢面に立たされると，同業他社の反応は二手に分かれる。

1つは，戦々恐々として社内で対策会議を開き，対応策を練るが，当事者意識や罪の意識のない役員達は，「たぶんウチには関係ないことでしょう。まあ，ここは嵐が過ぎるのをジッと待つことですな」くらいの話で終わってしまう。

もう1つは，社内で緊急会議を開いて対応策を練るところまでは同じだが，役員会の結論は「とにかく至急，事故調査プロジェクトを設置して，過去3年間くらいの事故に対して再検証を進めたほうがいい。いざという時の備えになる。その上で，できるだけ早い時期に『謝罪広告』を出しておくのが得策でしょう」という話である。

第5章 「聖域なき」規制改革の断行

　前者の例が，パロマ工業のガス瞬間湯沸かし器による一酸化炭素（CO）中毒死が，マスコミによって大きく報道された時に採った同業他社の対応であると推察される。

　しばらくパロマ工業の報道が続いた後，リンナイや松下電器産業，ノーリツなどの大手ガス器具メーカーの湯沸かし器を使用して中毒事故を起こしたケースが発表されるという事態に発展した。

　実際に取材を受けた経営者は，揃って「誤使用による中毒死であり，普通では考えられない事故」と強調した。記者会見でそう発言する経営者の顔には，「当社はPL法（製造物責任法）に抵触して自社の製品に欠陥があって事故を起こした訳ではありませんから，私どもには責任がありません」と書かれていた。

　おそらく，会社の顧問弁護士あたりの知恵で，「取材の受け答えは必要最小限に留めておくことが秘訣で，くれぐれも余計なことはしゃべらないように」ということを事前に言われていたに違いない。

　しかし，その後，マスコミばかりか日本ガス石油機器工業会や経済産業省からも発表が相次ぎ，メーカーとしての責任を問われると，一転，「誤使用の場合にも配慮しなければいけなかった」というトーンに変わったのである。

　事故の可能性のある商品を販売する会社の経営者は，「器具の『取扱説明書』に書かれています」などと，第三者を装うことなく，真剣に経営方針の実践や事業のあり方を再検討してもらいたいものである。

　後者の例は，「3.3 不二家の不祥事から学ぶもの」の「4．不祥事を起こす企業の問題の本質」で説明したように，同業他者で問題が起きた場合，問題の火種が自社に及ばないように，なるべく波打ち際で消し止め，被害を最小限に抑える策を打つ企業である。まるで火災の延焼を防ぐような，その場限りの応急処置だけで生き延びて来た企業である。

表5-1　不二家の不祥事以後の企業の謝罪広告掲載件数

業種＼掲載日	2/13	2/14	2/15	2/17	2/19	2/22	2/23	2/24	2/26	2/28	3/2	3/3	小計
電機		1			3		2	1					7
玩具，IT													0
食品	1		1	1		1			1	1		2	8
繊維					1								1
保険													0
その他		2				1		2	1	1	2		9
合計	1	3	1	1	4	2	2	3	2	2	2	2	25

業種＼掲載日	3/4	3/6	3/8	3/10	3/11	3/13	3/15	3/16	3/17	3/19	小計	合計(1)	合計(2)
電機								1			1	8	16
玩具，IT			2		1						3	3	7
食品	1			1		2			2	1	7	15	37
繊維		1									1	2	3
保険									1		1	1	2
その他		1	1			5	1	2	1		11	20	21
合計	1	2	3	1	1	7	1	3	3	2	24	49	86

（注）1．数字は，朝日新聞または日本経済新聞に掲載された謝罪広告の件数。
　　2．「合計(1)」は，2007年2月11日〜2007年3月20日までの期間に両紙に掲載された広告をカウントした。
　　3．「合計(2)」は，2007年1月11日〜2007年3月21日までの期間に両紙に掲載された広告をカウントした。

過去に起こした事故が一度は「時効」によって消滅したと思っていたところに，突然災難が降りかかってきたという受け取り方をするところも責任感のなさが現れている。

とりあえず，「謝罪広告」を出して世間の反応を見たところ，業界

第5章 「聖域なき」規制改革の断行

に関係なく,「お詫びとお知らせ」の広告が毎日のように新聞の社会面を飾るようになった(表5-1)。

実際,不二家の消費期限切れ原料使用事件が起きてから1ヶ月後の2007年2月11日から同年3月20日までの1ヶ月半に,どれくらいの謝罪広告が新聞に掲載されたか集計してみると,企業の「危機意識」の現われが如実に出ていることがわかる。

不二家の不祥事発覚の直後から1ヶ月間(2007年1月11日～同年2月10日)に公表された「謝罪広告」の記載内容とは,明らかに違う傾向が見られるのである。

<2007年2月11日～同年3月20日における「謝罪広告」の特徴>
1．欠陥が判明した製品(商品)の原因は,不可抗力によるものであること。
2．自主回収を行なうこと。
3．欠陥対象製品の製造年月日が古いもの(4年～23年前)の公表。
4．健康への影響はないと考えられていること。
5．危険性はないが,顧客の安全と万一の事故を考えて回収すること。
6．法令違反の謝罪。
7．広告の拡大化。

また,この期間に出された謝罪広告を事由別に分類すると,次のようになる。

<謝罪広告の事由別新聞掲載件数>
(1) 不良品・欠陥品　　　　　　　　　　　　　　　　　24件
(2) 異物混入　　　　　　　　　　　　　　　　　　　　10件
(3) 賞味期限・消費期限・原材料等の誤表示,表示漏れ　10件
(4) コンプライアンス　　　　　　　　　　　　　　　　7件

(5) 法令違反　　　　　　　　　　　　　　　　　　　　5件
(6) その他　　　　　　　　　　　　　　　　　　　　　4件

(注) 1．調査期間は，2007年2月11日〜2007年3月20日
　　 2．朝日新聞，日本経済新聞に掲載された「謝罪広告」の件数

　尚，この調査期間内に謝罪広告を掲載した主な会社は，次のとおりである。
(1) 不良品・欠陥品の謝罪：コクヨ，三菱電機，東芝，ブラザー工業，キヤノン，シャープ，三洋電機，YKK AP，淀川製鋼所など。
(2) 異物混入の謝罪：ドール，ファーストキッチン，明治製菓，湖池屋，コロンバン，三井製糖など。
(3) 賞味期限・消費期限・原材料等の誤表示，表示漏れの謝罪：フジッコ，ユニバーサルミュージック，マルハ，洋菓子のヒロタ，味覚糖，松崎商店など。
(4) コンプライアンスに関する謝罪：ディーシーカード，大日本印刷，ジャックス，アメリカンホーム保険，日本HP，UFJニコスなど。
(5) 法令違反の謝罪：ヤマハ発動機，京王百貨店，プロテックスなど。

　これらの謝罪広告を出した会社では，「これほど多くの企業が，同様の事故報告と商品の自主回収の通知を出しているのなら，マスコミも騒ぎ立てないだろう」と内心，ホッと一息ついているのが実情ではないだろうか。
　短期間にこれだけ多くの「謝罪広告」が出たという事実にも驚かされるが，事故の対象商品の製造・販売年月がかなり以前のものであることを知って，今更ながら驚愕の念を禁じ得ない。

第5章 「聖域なき」規制改革の断行

　広告の中には，20数年前に製造された商品も散見されるのは，企業が「今まで世間に気づかれなかったため隠蔽していました」と宣言したようなものである。

　2007年3月22日，東京電力が29年前に起きた原発事故を公表した。1978年11月，東電の福島第一原発3号機で起きた，作業員による定期点検中の操作ミスによる事故である。

　当時の法令には，「国や県に対して報告義務はなかった」と東電の原子力運営管理部長は弁明するが，そこには，市民の安全に関わる問題についてさえ，事故の責任追及を恐れて隠蔽しようとする体質があった。

　問題なのは，報告の義務があるかないかということではなく，事故を隠すことによって懲戒処分を免れようとする従業員の意識と，世間に公表した場合，事故の責任の大きさを真っ先に考え，事故をもみ消そうという心理が経営幹部にあるということだ。こうした体質の企業が二次災害を引き起こすのである。

　企業は，事故の責任を現場の管理者に押し付けるだけで済ませようとせず，事故を未然に防止し，市民や従業員の安全を優先する仕組みを作り，世間に公表すべきである。

　また，その仕組みには，責任の度合いについて規定することが必要である。

　例えば，責任が重い順から，事故の組織的隠蔽，上司の指示による隠蔽，担当者の隠蔽，事故の公表の遅れ，再発防止策の遅れ，事故原因の放置，事故原因究明の遅れなど順番を挙げ，罰則もこの順番に設定し，組織的な隠蔽が一番重くなるようにすることによって，強制的に事故や問題を隠さない企業体質に変えていくことが一番手っ取り早い問題解決になる。

　組織ぐるみの犯罪の場合には，いくら人道的見地から正論を唱える

従業員がいても,組織の圧力の前に押し潰されてしまうことが常である。

公益通報者保護法が施行された現在でも,場合によっては自分の生活を犠牲にすることにもなりかねないような思いをしてまで正論を主張できる人は少ない。

企業の経営者には,目先の責任論や社会的インパクトを恐れて,事故を隠蔽しようとする対処療法的考えを捨てて,企業と企業を取り巻くステークホルダーの将来を考え,事故の早期公表と再発防止策を徹底的に講じる姿勢と行動力がほしい。

起きてしまった事故の謝罪を行なったという「証拠」を広告として残すことより,同様の事故が起きないように企業倫理を明確に打ち出し,内部管理をシステム的に行なうことが重要なのである。

内部統制ルールが適用されるようになるから,対応策を練るという他力本願の考えではなく,コンプライアンス重視の経営を続けていくためのルールやプロセスをいかに確立していくかという観点から,既得権益を排除する思想を持つと同時に,特定個人の権利の濫用に歯止めをかける規制の強化を図るべきである。

こうした社内の動きに呼応するように,既得権者は,既得権を排除することによるデメリットを強調し,「急激な変化は社内を混乱させる」という正論まがいのことを唱えて,改革に反対する。

しかし,改革に反対する理由を詳細に分析すれば,どちらが正論かということはすぐにわかる。反対の理由がたぶんに利己的なものだからである。

従業員が胸を張って仕事ができるのは,社内の管理体制が整備されているという安心感がベースになっている。

また,社内の抵抗勢力は,内部統制やコンプライアンスという概念を嫌うため,新規に構築する内部統制システムに対しては,真っ向か

ら抵抗することが予想される。

現在，安倍政権の下で，同様に抵抗している党員や官僚に見られる現象であるが，それは，手続きの正当性に対する齟齬である。理論の正当性を立証されて勝てない抵抗勢力は，過去の事例や慣習を問題にすることが多く，それでも強力に推し進められる事案に対しては，「手続き上の齟齬を問題にする」という常套手段を使う。

規則で規定されたことに反することを行なったという理由で，改革派を潰そうとするのである。規制改革派は，くれぐれもこの点に注意して行動しなければならないことを付記しておきたい。

5.3 企業内規制改革の推進と規律ある社会の実現

最近発行された書籍や新聞記事には，「企業を取り巻く環境は日に日に厳しさを増している」といった論調が多い。経済のグローバリゼーションが進み，世界の国々が規制改革を推進する中で，企業間競争が国境を越えて行なわれている実態に対して，危機意識を煽るような内容である。

実際にこの世界的な潮流を受けて，世界の企業が生き残りをかけた企業同士の業務提携や資本提携など企業間統合に拍車がかかっているのは注目すべきことである。

こうした情勢の中で，企業にとって実行すべき大切なことは，会社が目指す経営ビジョンを明確にし，そのための戦略を立て，求める人材像を社内外に公表することである。

新規ビジネスや次世代モデルの開発に投資し，技術力で競争優位に立つことも重要な戦略には違いないが，その前に先ず足元が磐石かどうかの検証を行なうことが先決である。例えば，

1．人事制度は従業員のモチベーションを上げる仕組みになってい

るか,

2．会社が従業員に具体的に何を期待し，それに応えた場合にどのように報いるのかということについて明確になっているか,

　など，経営のメッセージと従業員の納得性という双方のコミュニケーションが取れているかを検証することは重要な課題である。また,

3．会社の経営方針と実際の業務プロセスやシステムの運用がズレを生じていないか,

4．顧客の視点で考えた業務フローになっているか，企業の論理だけで推し進めてはいないだろうか,

5．定期的に会社のステークホルダーに業務報告ができる体制になっているか,

6．業務報告の内容に虚偽や後ろめたさはないか,

などについて検証することが必要である。

　更に，これまで見てきたように，企業内で既得権を構築している従業員に対して，日常の監視体制や直属上司によるきめ細かい労務管理はできているか，不十分だと感じたときにはいち早く対策を打たなければならないことは言うまでもない。時には雇用の流動化を促進することも必要な措置である。

　企業は必要に応じて，人材の新陳代謝を図ることも，組織の活性化のためには重要なことなのである。

　但し，「人材の新陳代謝」を実行する前に，一度だけ敗者復活のチャンスを与えてみてはどうだろうか。犯罪者に対して執行猶予付刑罰を言い渡す裁判官の心境になって，最後に更正の道を残しておくのである。

　いくら犯罪者といえども，会社に愛着を持って仕事に専念していた時期もあったであろうから，いきなり実刑に処すようなことはしない

第5章　「聖域なき」規制改革の断行

で，更正の機会を与えて観察処分にする心の余裕もほしいところである。

その一方では，内部監査や管理職のコンプライアンス研修を定期的に徹底して行ない，実効あるものにしなければならない。

今ほど，こうした会社内のインフラを整備し，再構築する機会はないといえる。

企業業績が好調を続け，資金的に余裕のある時にしかできないことを実行するのが，次世代のビジネスを成功させる要諦である。

2000年前後の日本企業のリストラ競争劇を経験した経営者であれば，このことは十分理解できることだと思う。

当時のように，景気の低迷が事業収支の悪化を招き，経営危機に陥った企業が，窮余の策として採った人員削減策としてのリストラの苦い教訓を生かした施策が，今期待されているのである。

景気の回復に伴って企業の業績も回復し，それが持続的に拡大してくると，今度は各社一斉に事業の拡大，国内生産工場の建設ラッシュ，中国，インド，タイ，ベトナムへの工場建設や事業投資に走り，それに伴い人材投資が行なわれる。

中途人材も新卒の求人枠も前年比倍増の増員に走る企業の姿は，バブル時代を連想させる。今が千載一遇のチャンス到来と見た企業の経営者が，連鎖反応的な各社横並びの行動を採っているのである。

しかし，このような時こそ冷静に自社のインフラを見直し，誰からも後ろ指をさされないように，「企業内規制改革」を推進し，規律ある社会のリーダーとしてのポジションを築くことに邁進すべきではないかと思うのである。

【参考文献】

1．永島清敬・岩坪友義『多様性人材の戦力化』同友館，2005年
2．厚生労働省監修『新・労働法実務相談』労務行政研究所，2004年
3．『日本経済新聞』2007年1月24日付朝刊2面
4．『朝日新聞』2007年1月11日付夕刊1面
5．『朝日新聞』2007年2月6日付朝刊2面
6．『朝日新聞』2003年11月18日付夕刊19面
7．『Yomiuri Weekly』2004年9月19日付
8．『朝日新聞』2006年10月6日付朝刊1面
9．『朝日新聞』2006年8月1日付朝刊1面
10．『朝日新聞』2006年8月9日付朝刊1面
11．『朝日新聞』2006年8月6日付朝刊30面
12．『朝日新聞』2006年8月13日付朝刊1面
13．『朝日新聞』2001年3月19日付朝刊1面
14．『朝日新聞』2002年11月27日付朝刊13面
15．『人事・労務用語辞典』日本経団連出版，2003年
16．花見忠『人事・労務用語辞典』日本経済新聞社，2001年
17．『労政時報』第3630号，労務行政研究所，2004年5月28日

著者略歴

永島　清敬（ながしま　きよたか）
テクノブレーン株式会社 HRコンサルティング事業部長
1951年，東京都中野区生まれ
1975年，慶応義塾大学法学部卒業
1975年，カルピス株式会社入社
ジョンソン・エンド・ジョンソン人事部マネジャー，日本有線放送株式会社人事部長，総務部長，クーツコンサルティングジャパン株式会社人事政策コンサルティング室長兼経営企画室長を経て，2002年，アデコ株式会社人事コンサルテーション事業部長，ニューキャリア事業部長。
2006年から現職。

主な著書：『人材ポートフォリオマネジメントによる多様性人材の戦力化』同友館，2005年
論文等：「OPからみたキャリアアップ法」日経産業新聞，2001年11月～12月ほか多数

人材ビジネスのトリック――改革つぶしの常套手段――

2007年6月20日　第一版第一刷発行

著者　永　島　清　敬
発行者　田　中　千　津　子

発行所　株式会社　学　文　社

〒153-0064　東京都目黒区下目黒3-6-1
電話(3715)1501代・振替00130-9-98842

（落丁・乱丁の場合は本社でお取替します）　・検印省略
（定価はカバーに表示してあります）　印刷／東光整版印刷㈱
ISBN978-4-7620-1704-9